Le présent ouvrage a été publié
avec le soutien de
l'Académie Nicaraguayenne de la Langue
ANL

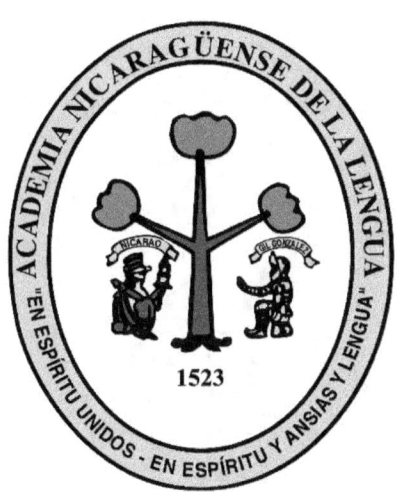

"En espiritu unido, en espiritu y ansias y lengua."

La Collection "*Travaux Panofskiens*" est dédiée à l'étude des oeuvres d'art de la période moderne (XIIème-XVIIIème siècles) et de la période contemporaine (XIXème-XXIème siècles), à partir de plusieurs concepts des études de l'École de Warburg, notamment représentés dans les travaux de son principal représentant Erwin Panofsky. Ces concepts sont les suivants:
La transmission des symboles culturels entre les époques, et la permanence de leur représentation;
L'étude des oeuvres d'art comme matériel pour comprendre leur époque et l'histoire des mentalités qui y est liée, c'est-à-dire, inversement, les idées, les pratiques et les moeurs, que révèlent les oeuvres d'art;
En ce sens, l'interaction entre les cosmos de cultures profane et religieuse, d'une part, et populaire, cultivée et savante, d'autre part.
Le principal apport de la présente Collection, ou son principal projet en tous cas, est d'aborder, non seulement les oeuvres de l'époque moderne, champ d'étude particulier de l'École de Warburg et de Panofsky, mais d'amplifier cedit champ à celui de la contemporanéité, en particulier des avant-gardes, afin, non seulement d'appliquer la méthode panofskienne à l'art contemporain, mais encore pour en expérimenter la pertinence dans le cadre visuel de la non figuration et de l'abstraction (soit-elle, celle-ci, thématique ou formelle).

Dr. N.-B. Barbe

NORBERT-BERTRAND BARBE
MEMBRE HONORAIRE DE L'ACADÉMIE NICARAGUAYENNE DE LA LANGUE

LE CRI D'EDVARD MUNCH:
UN CAS PARADIGMATIQUE DE MISE EN SCÈNE DES CODES ICONIQUES PROPRES À UNE ÉPOQUE

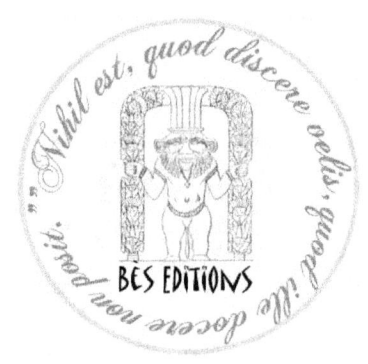

ISBN: 978-2-35424-193-3
Collection "*Travaux Panofskiens*"

© 2019, Bès Editions

Toute reproduction intégrale ou partielle du présent ouvrage, faite par quelque procédé que ce soit, sans le consentement de l'auteur ou de ses ayants cause, est illicite et constitue une contrefaçon sanctionnée par les articles L.335-2 et suivants du Code de la propriété intellectuelle.

SOMMAIRE GÉNÉRAL DU VOLUME

Avertissement   I
A) *Le Cri* de Munch: contexte de création   3
B) Historiographie du concept de Cri dans le romantisme   8
C) *Le Cri* de Munch face à l'histoire des formes: une singularité toute relative   30
D) *Le Cri* de Munch: son modèle chez Courbet et ses sources chez Watteau et la mise en scène du XIXème siècle   61
E) Le cri muet, un thème premier du discours esthétique de la fin du XVIIIème siècle   85

AVERTISSEMENT

Il est commun[1] de considérer *Le Cri* d'Edvard Munch comme l'expression originale d'un sentiment personnel de l'artiste, idée renforcée par le pouvoir d'évocation choisi par l'artiste, autant dans l'usage violent du choc des couleurs que dans la forme d'esquisse, notamment du personnage de premier plan (soit-dit en passant, ce sont les éléments exactement symétriques, douceur des tons et intimité de l'atmosphère générale du tableau opposée au réalisme et à l'attention anatomique aux détails du visage dans la précision de l'expression, qui, paradoxalement, font considérer *Le Désespéré* de Gustave Courbet comme une oeuvre également d'extrême génialité référée et de profond déséquilibre psychologique, impossible à exprimer - même quand les deux artistes, diamétralement, mais chacun à sa manière, c'est-à-dire au moins sous deux formes référenciables, l'ont exprimé -).

La présente étude (qui fait en cela pendant à celle, également publiée dans la présente Collection, sur *Le Plaisir* de René Magritte) prétend, au contraire, montrer comment au-delà de cette impression, *Le Cri* s'inscrit dans une tradition, et en modifie les codes. Ce qui, plus généralement, pour l'étude non seulement des styles, mais aussi des formes, selon la division panofskienne, permettra, comme nous l'avons postulé depuis notre originel ouvrage *Iconologia* (2001), de montrer qu'il n'y a pas de solution de continuité entre les époques moderne et contemporaine, et que l'on peut aborder les processus d'abstraction par le biais de la permanence, visuelle (en ce qui concerne la reconnaissance des formes) et sémantique (en ce qui concerne les motifs comme éléments scindés des thèmes, mais qui en conservent néanmoins le sens, ou, du moins, partie de celui-ci), des codes iconographiques antérieurs à cette ultime période de l'histoire des mentalités.

Héctor Brioso Santos (2002)[2] se dédie, partiellement, à le montrer pour les postérieures avant-gardes du XXème siècle, le présent ouvrage pour la période antérieure à la série de Munch, et qui, donc, la prédétermine.

[1] "*Más allá de El grito, el Munch que podemos identificar en Londres es un «pintor muy siglo XX», solidario solitario siempre, atormentado por la inestabilidad emotiva y la ceguera, inquieto, además, por la deriva imprevisible de las alambicadas tecnologías de reproducción que discutían la noción clásica de originalidad. Un pintor inseguro, en suma, con un yo artístico provisional obstinado en la recuperación de viejos temas y motivos que rehacía compulsivamente: existen seis variables genuinas de El grito.*" (José Francisco Yvars, *La ardilla de Braque: Notas sobre arte*, México, Debolsillo, 2013, "Ansiedad")

"*Edvard Munch's Scream could only have come from him, yet in it we find a universal icon for the anxious twentieth century./ The case of Munch is extremely troubling to a simpleminded proposal that the best art should be uplifting or that an artist's mental wellness is his or her source of greatness. Munch's most powerful art was inspired by his most negative states.*" (Alex Grey, *The Mission of Art*, Boulder, Colorado, Shambhala Publications, Inc., 2017, cap. 6)

"*Mais l'on pourrait soutenir que le cri, chez Munch, est un cri muet parce que saisi dans les profondeurs et par là révélateur d'un désarroi infiniment plus intime que social, ce qui le rapproche en fait de Chirico.*" (José Pierre, *André Breton et la peinture*, Lausanne, L'Âge d'Homme, 1987, p. 53)

"*L'eros se donne donc à voir dans une vision naturaliste du monde qui nous ramène à notre propre primitivité. Et nous repérons d'emblée deux éléments essentiels qui situent l'homme comme un être dont la signification radicale oscille entre l'individuel et l'universel. Il existe un eros originel universel auquel tout être est soumis sans exception; le principe de vie qui l'anime le renvoie inévitablement à un fondement commun à tous les hommes. Mais l'expérience de ce pouvoir universel est différente selon chaque individu à travers l'amour de soi, de l'existence et de l'autre. Le cri de l'angoisse se balbutie ainsi à travers ces deux visées: l'angoisse constitue l'appréhension de tout homme devant le monde et pourtant elle est individuelle à chacun. Il existe donc un principe universel qui fonctionne comme en sourdine dans le fond de chaque être humain./ Ici, Munch a cette intuition fondamentale d'une souffrance qui fusionne avec le monde. Le cri de l'angoisse retentit dans le monde, il est l'expression de la perte de l'amour de soi c'est-à-dire de l'incompréhension qui naît de l'épreuve de l'eros que chacun fait à l'intérieur de soi.*" (Emmanuel Toniutti, *Paul Tillich et l'art expressionniste*, Presses de l'Université de Laval, 2005, p. 38)

"*Munch felt deeply the pain of human life. He believed humans were powerless before the great natural forces of death and love. The emotions associated with them - jealousy, loneliness, fear, desire, despair - became the theme of most of his art.*" (cf. par ex. Fred S. Kleiner, *Gardner's Art through the Ages: The Western Perspective*, Boston, Wadsworth Cengage Learning, 2009, Vol. II, p. 673)

"*Pero él pertenecía, fundamentalmente, a un oscuro mundo septentrional de inquietante introspección y neuróticas obsesiones, el mundo fatalista y profundamente pesimista de las obras de Ibsen y de Strindberg, y sus pinturas y litografías expresan estados de ánimo similares - a menudo desequilibrados y que rozan lo patológico -, en secuencias que tienen un efecto acumulativo. El tema de su Friso de la vida, que le mantuvo ocupado durante varios años, es el sufrimiento a través del amor. Un ciclo de imágenes intensamente subjetivo representa los estados emocionales de atracción, unión, desencanto, celos y desesperación. Aunque nunca llegó a terminarlo, constituye la declaración más convincente dejada por cualquier artista de la desilusión del fin-de-siècle y culmina en su pintura más famosa, El grito. "Me quedé allí, de pie, temblando de miedo", escribió. "Y sentí un enorme grito interminable que taladraba la naturaleza". La desesperación y el terror experimentados por la figura del primer plano se hacen visibles en el paisaje y en el cielo, que se retuercen con agónicas rayas de color arbitrario - rojo, amarillo y verde - como si el grito se expandiera en olas de temor neurótico e irracional.*" (John Fleming et Hugh Honour, *Historia mundial del arte*, Madrid, Akal, 2004, p. 733)

"*Among theories advanced to account for the reddish sky in the background is the artist's memory of the effects of the powerful volcanic eruption of Krakatoa, which deeply tinted sunset skies red in parts of the Western hemisphere for many months during 1883 and 1884, about a decade before Munch painted The Scream. It has been suggested that the proximity of both a slaughterhouse and a lunatic asylum to the site depicted in the painting may have offered some inspiration. The scene was identified as being the view from a road overlooking*

Oslo, the Oslofjord and Hovedoya, from the hill of Ekeberg. At the time of painting the work, Munch's manic depressive sister Laura Catherine was a patient at the asylum at the foot of Ekeberg." (Peter Russell, *Delphi Complete Paintings of Edvard Munch (Illustrated),* East Sussex, UK, Delphi Classics, 2017, "*The Scream*")
"*Munch sans doute peut-il ainsi vivre sa mélancolie par ses œuvres et réussir à effectuer avec elles un certain deuil par ailleurs impossible. Elles lui permettent de prendre une distance par rapport à ses « anges noirs» tout en en célébrant la la victoire. Et ce sont ces œuvres abouties, porteuses cependant de tant de cruels tourments que nous apprécions.*" (Cécile Croce, *Psychanalyse de l'art symboliste pictural: l'art, une érosgraphie,* Seyssel, Ain, Editions Champ Vallon, 2004, note 3 p. 213)

[2]Héctor Brioso Santos, *Estridencia e ironía: El Techo de la Ballena: un grupo de vanguardia venezolano (1961-1969),* Universidad de Sevilla, 2002, pp. 230ss.

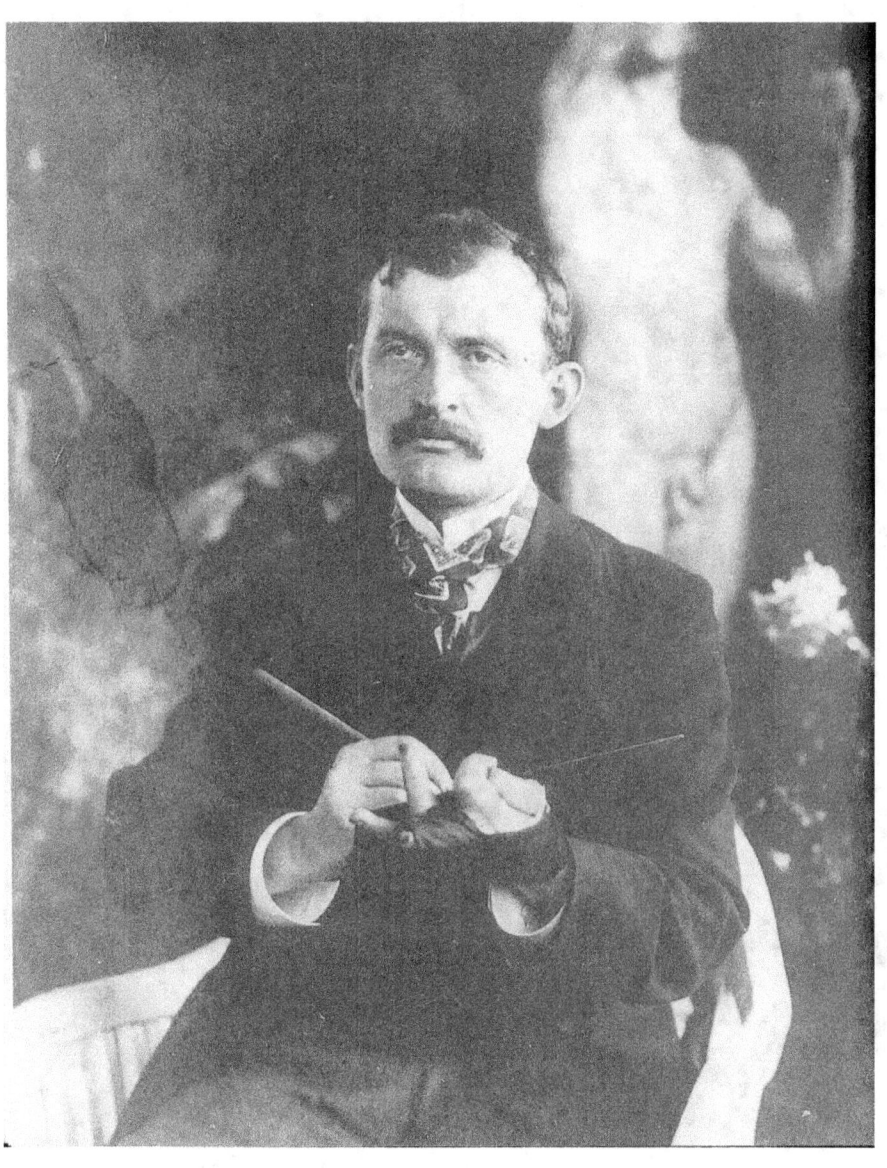

Edvard Munch ((Løten, 12 décembre 1863 - Ekely, 23 janvier 1944)

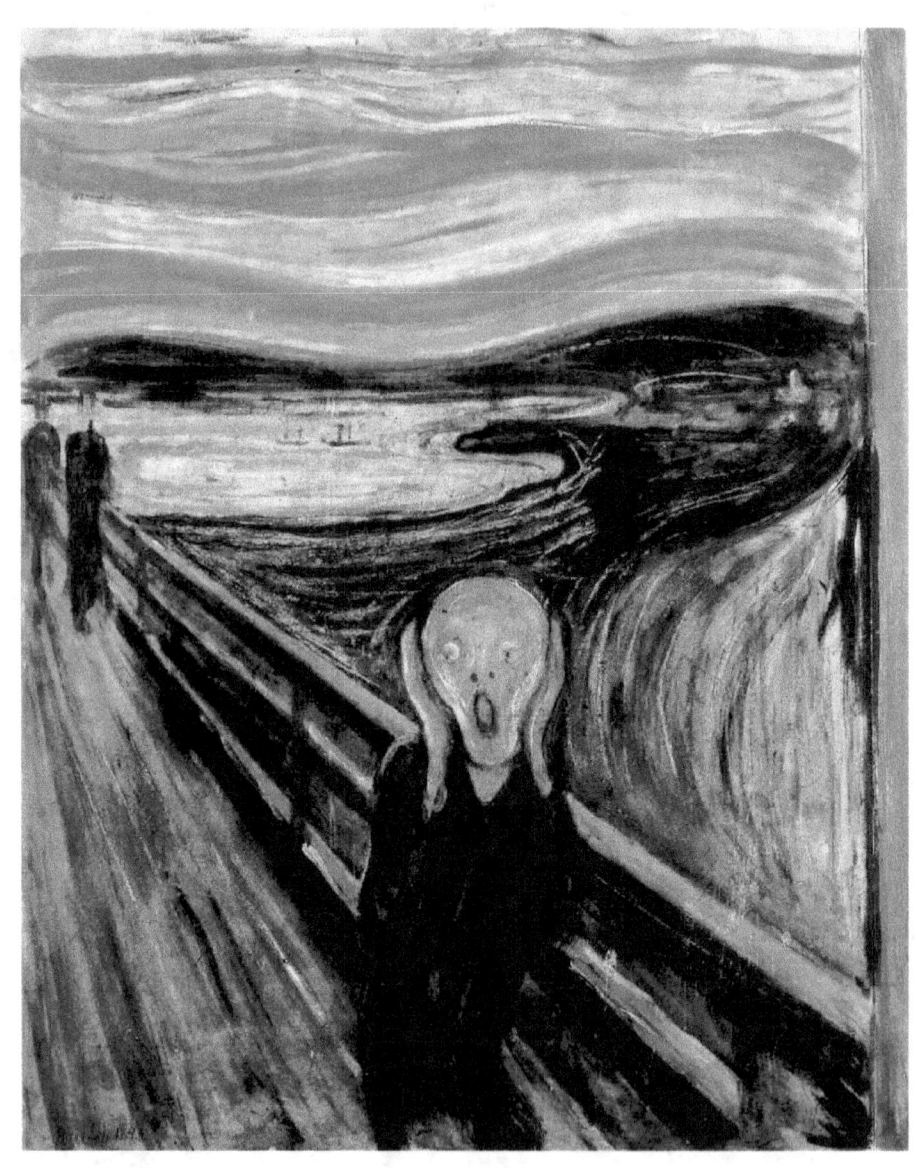

Edvard Munch, *Le Cri*, National Gallery d'Oslo, 1893

2 | Une mise en scène des codes iconiques

Le Cri d'Edvard Munch:
un cas paradigmatique de mise en scène des codes iconiques propres à une époque

A) *Le Cri* de Munch: contexte de création

Le Cri (1893) de Munch (dont on connaît cinq versions), partie de l'ensemble de *La frise de la Vie* (commencée en 1891), apparaît comme la plus grande œuvre de l'expressionnisme, s'affrontant au sentiment de déracinement de l'individu face à la société, représentant un personnage chauve de front proéminent, archétype donc physiognomonique du fou (on peut le comparer avec les portraits de monomaniaques de Géricault), qui au premier plan, yeux exorbités et prenant sa tête dans ses mains, ouvre la bouche en un cri muet sur fond de fjord, symbole probable du chemin de la vie en comparaison avec l'imagerie classique (cf. N.-B. Barbe, *Bosch Bruegel*, Bès Éditions, 2005), et avec une autre œuvre de Munch, *La Mélancolie* (1892-1893), autre oeuvre de *La frise La Vie*, dans laquelle également un personnage au premier plan tient sa tête avec sa main sur fond de plage et de voiliers.

Aussi bien la thématique comme les titres *La frise de la Vie* et *La Mélancolie* révèlent l'inspiration classique Munch (ce qui confirme notre analyse de l'art contemporain en ceci que, malgré la disparition du thème conventionnel, il reprend dans ses motifs des éléments classiques comme unités minimales persistantes de sens, voir notre livre *Iconologiae*, 2001, 2003, 2005, 2006), nous permettant en ce sens de la comparer avec celle de Klimt (voir notre article sur "*Le Baiser*"). *La Mélancolie* représentée la tête dans ses mains vient de Dürer (comme l'ont étudié Panofsky, Klibansky et Saxl dans leur livre fondateur *Saturne et la Mélancolie*), se développant à l'époque baroque. Nous retrouvons une identique image dans *Le Penseur* (1880-1882) de Rodin.

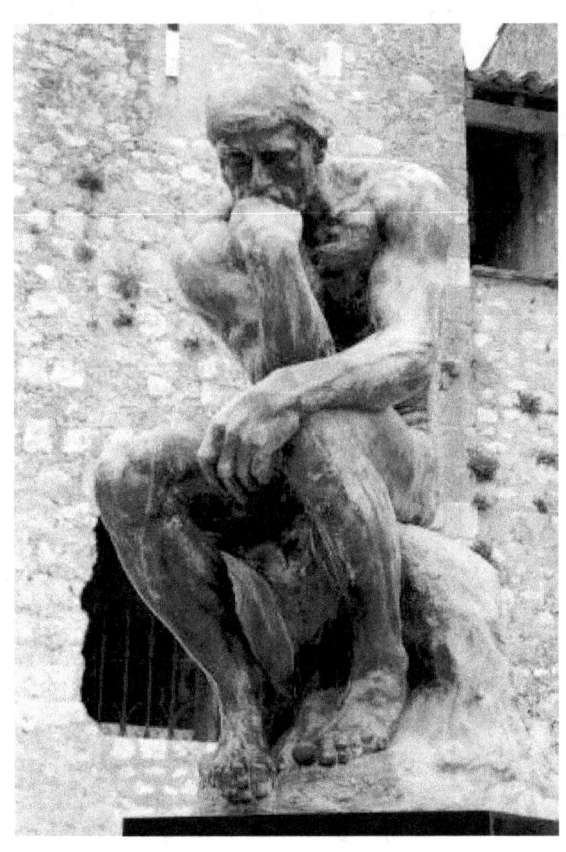

Auguste Rodin, *Le Penseur*, 1880-1882
Originellement appellé *Le Poète*,
Détail pour un Portail monumental inspiré de la *Divine Comédie* de Dante

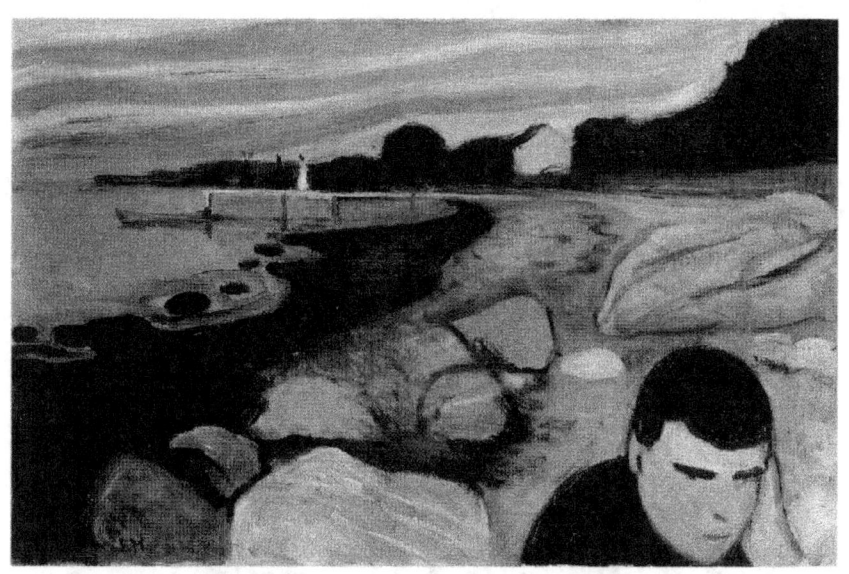

Edvard Munch, *Mélancolie*, 1891-1892

Le pont du *Cri* est l'élément de connecteur qui représente le déracinement, en se référant, comme Apollinaire dans "*Le pont Mirabeau*" (*Alcools*, 1912), à la dichotomie ou séparation entre le personnage au premier plan et les autres, flous, mais contrairement à lui, sans chapeau ni manteau, portant des vêtements adaptés à la marche. Le pont, lieu de promenade, comme dans *Les Nuits blanches* (1848) de Dostoïevski, et de passage chez Apollinaire, devient chez Munch lieu d'oppression et d'impossibilité. La perspective du personnage au premier plan est bloquée par l'invisible peintre-spectateur qui lui coupe le passage en s'affrontant brusquement et de façon inattendue au cri désespéré de la folie du personnage.

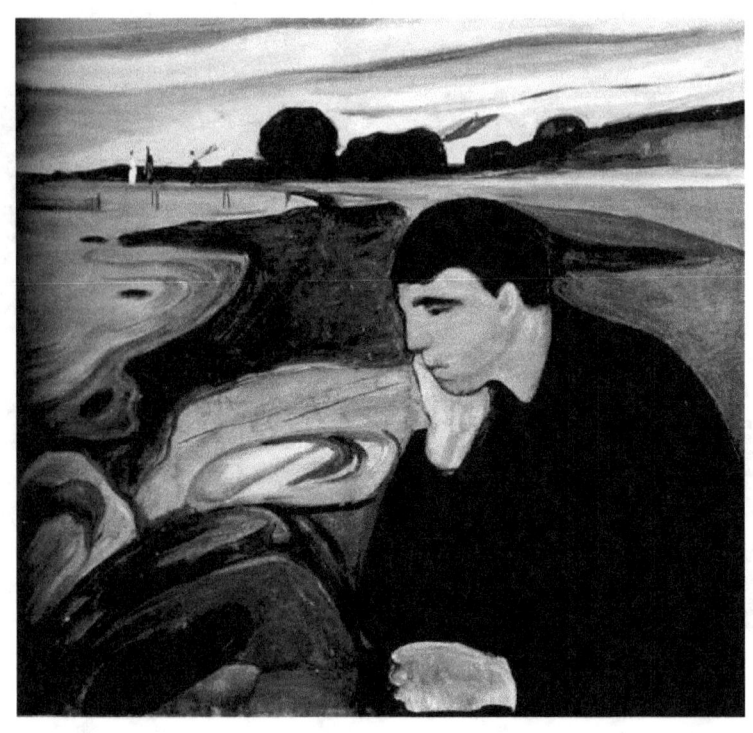

Edvard Munch, *Mélancolie*, 1894-1895

Munch a décrit l'expérience qui l'a amené à peindre cette toile: "*Je me promenais avec deux amis sur la route, lorsque se coucha le soleil; soudain, le ciel devint rouge sang, je m'arrêtai, m'appuyai contre la clôture, indiciblement fatigué. Des langues de feu et de sang s'étalaient sur le fjord noir bleuté. Mes amis continuaient leur marche, alors que moi je restais en arrière tremblant de peur, et je sentis le cri énorme, infini, de la nature.*" On voit alors que: 1/ le lieu de *La frise de la Vie*, semblable entre *Le Cri* et *La Mélancolie*, est le paysage d'Oslo; 2/ (comme chez Friedrich, voir notre article de *El Nuevo Diario*, 12/08/2007, p. 6, ainsi que chez l'également allemand Carl Gustav Carus, les Français Paul Huet, Philippe-Jacques de Loutherbourg, Pierre-Jacques Volaire, les anglais George Arnald, Francis

Danby, John Robert Cozens, Samuel Palmer, Joseph Wright of Derby, et les nord-américains Washington Allston, Asher Brown Durand, George Inness, Thomas Moran) le personnage du premier plan représente le spectateur lui-même, dans ce cas le peintre face aux éléments naturels mythifiés; et 3/ les deux personnages du fond sont ceux qui, selon nous conte l'artiste, l'accompagnaient à ce moment.

Dépouillé de l'attirail et des vêtements de la vie civilisée, c'est alors l'âme pure, face à ses émotions primaires, brutales et mystiques, que le peintre veut se présenter à nous. Le titre original du *Cri* était *Désespoir*. Ses premières esquisses furent peintes en 1891, et Munch en fit une cinquantaine. Il y a 4 versions définitives, Munch ayant l'habitude de peintre plusieurs versions d'une même toile. Les thèmes étudiés par Munch dans les 22 toiles de *La frise de la Vie* sont les passions fondamentales de l'homme, qui poursuivirent toujours le peintre: l'amour passionnel ou vampirique, la peur, la mort, la mélancolie.

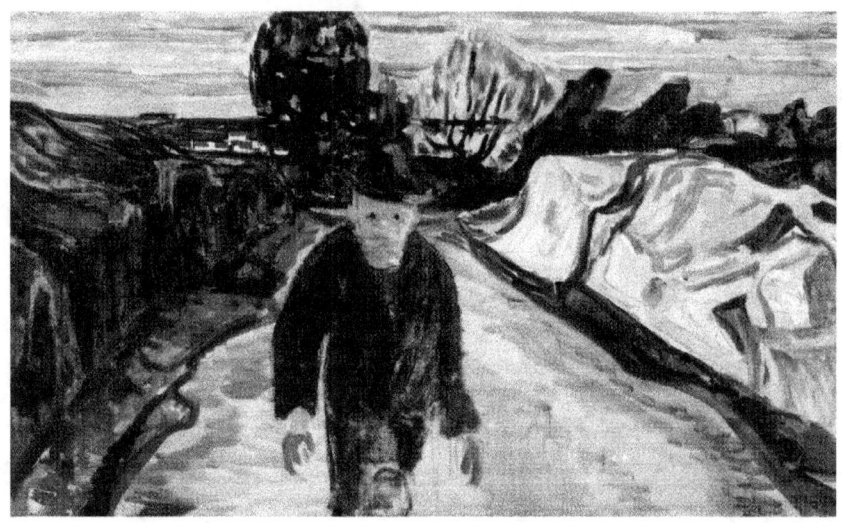

Edvard Munch, *L'Assassin*, 1910

B) Historiographie du concept de Cri dans le romantisme

Cependant, la valeur autobiographique référée par Munch dans *Le Cri* ne permet pas de comprendre totalement l'oeuvre. Elle a ainsi des similitudes avec *L'Assassin* (1910), oeuvre dans laquelle un personnage solitaire de visage vert monte sur un chemin de pierres qui, pour la perspective, semble se réduire dans la partie d'où il vient. Si ce n'était pour le titre et, de là, pour les grandes mains (élément physiologique comme l'est le front dans *Le Cri*), rien dans le tableau ne pourrait nous indiquer l'occupation du personnage avançant vers nous dans un silence occupé, qui est le même qu'on retrouve dans les films d'horreur sur le modèle de *Massacre à la Tronçonneuse* (1974, Tobe Hooper).

Nous pouvons alors essayer d'encadrer *Le Cri* dans une représentation plus globale, propre de l'époque, de l'expérimentation individuelle du statut de l'artiste, et donc de l'individu, face à la société. Musset dans "*La Nuit de Mai*" (1835) écrit:

"Rien ne nous rend si grands qu'une grande douleur.
Mais, pour en être atteint, ne crois pas, ô poète,
Que ta voix ici-bas doive rester muette.
Les plus désespérés sont les chants les plus beaux,
Et j'en sais d'immortels qui sont de purs sanglots."

Et, dans "*La Nuit d'Octobre*" (1837), il précise:

"L'homme est un apprenti, la douleur est son maître,
Et nul ne se connaît tant qu'il n'a pas souffert"

À présent, alors que les citations antérieures permettent de justifier et d'expliquer le sentiment de déracinement du poète ou de l'artiste dans la société, par leur statut particulier d'extrême exaltation sentimentale, Chateaubriand (*René*, 1802), nous offre une illustration de la relation de l'artiste avec la nature qui l'entoure et le pousse à s'exprimer ou, pour le moins, à se révéler dans ses sentiments et ses passions:

"Levez-vous vite, orages désirés, qui devez emporter René dans les espaces d'une autre vie!

Ainsi disant, je marchais à grands pas, le visage enflammé, le vent sifflant dans ma chevelure, ne sentant ni pluie ni frimas, enchanté, tourmenté, et comme possédé par le démon de mon cœur"

Michael Löwy et Robert Sayre (*Révolte et Mélancolie - Le romantisme à contrecourant de la modernité*, Paris, Payot, 1992, p. 30) utilisent une citation de Nerval pour définir l'essence du romantisme:

"Indiquons tout d'abord en deux mots l'essence de notre conception: selon nous, le romantisme représente une critique de la modernité, c'est à dire de la civilisation capitaliste moderne, au nom de valeurs et d'idéaux du passé (pré-capitaliste, pré-moderne). On peut dire que le romantisme est, depuis son origine, éclairé par la double lumière de l'étoile de la **révolte** *et du "soleil noir de la* **mélancolie**""

C'est sans doute Hugo qui, dans *Les Contemplations* (1856), donne le plus d'importance à la relation entre le poète de son état d'éponge réceptrice des tensions extérieures ou ambiantes, et la nature et le monde comme destin funeste pour qui les vit:

"*L'homme est brumeux, le monde est noir, le ciel est sombre;*
Les formes de la nuit vont et viennent dans l'ombre;
Et nous, pâles, nous contemplons.
Nous contemplons l'obscur, l'inconnu, l'invisible.
Nous sondons le réel, l'idéal, le possible,
L'être, spectre toujours présent.
Nous regardons trembler l'ombre indéterminée.
Nous sommes accoudés sur notre destinée,
L'œil fixe et l'esprit frémissant.
Nous épions des bruits dans ces vides funèbres;
Nous écoutons le souffle, errant dans les ténèbres,
Dont frissonne l'obscurité..."

On a voulu voir dans la situation historique et sociale (instabilité politique entre 1789 et 1848) l'origine du sentiment de déracinement des romantiques: différence spirituelle de jeunes romantiques avec les générations précédentes, aspirations libertaires, parfois trompées par les changements politiques, sentiment de particularisme idéaliste accentué par la mythologie créée par l'épopée napoléonienne.

La Révolution de 1789 semble poser les bases idéologiques nécessaires au romantisme, posant l'individu comme un élément essentiel de la société. Cette notion est renforcée par la figure de Napoléon, qui valide les valeurs de singularité et d'originalité de chaque personne, à travers une vie de succès et destin exceptionnels.

Après la chute de Napoléon, il n'est plus possible pour les jeunes de se retrouver dans cette figure de manière positive, et la notion d'héroïsme nécessaire caduque. L'écrivain romantique a le sentiment d'être trompé par l'époque, qui apporte une série de déceptions, comme par exemple la Révolution de 1830. Ainsi, en lui, e mal-être historique se transforme en angoisse métaphysique.

Comme conséquence, l'(auto-)représentation de l'homme inadapté et mélancolique, qui souvent se réfugie dans le sommeil, la nature et la solitude, avec une attitude instable, passant du plus sauvage enthousiasme au pire désespoir, le sentiment d'être maudit, marqué par le destin, avec une évidente tendance à l'autocomplaisance devant la douleur croissante qui révèle l'être à lui-même, le gout pour les larmes, la fascination pour le macabre, l'hallucination et le fantastique, et une contrepartie qui est l'aspiration vers l'infini, le Beau, l'immensité, la nature dans laquelle se rencontre Dieu, par conséquent l'appétence vers l'au-delà, le lointain, les voyages réels ou imaginaires (Baudelaire, Mallarmé). Cette mélancolie sans cause précise ni remède se connaîtra comme le *"mal du siècle"*.

À tel point que Chateaubriand en vient à juger très sévèrement à son *René* dans *Mémoires d'outre-tombe* (1848), au sujet des "*Années de ma vie 1802 et 1803*":

"Si René n'existait pas, je ne l'écrirais plus. S'il m'était possible de la détruire, je le détruirais. Une famille de René poëtes et de René prosateurs a pullulé: on n'a plus entendu que des phrases lamentables et des phrases décousues; il n'a plus été question que de vents et d'orages, et que de maux inconnus livrés aux nuages et à la nuit.
Il n'y a pas de grimaud sorti du collège qui n'ait rêvé être le plus malheureux des hommes, de bambin qui a seize ans n'ait épuisé la vie, qui ne se soit cru tourmenté par son génie; qui, dans l'abîme de ses pensées, ne se soit livré au vague de ses passions; qui n'ait frappé son front pâle et

échevelé, et n'ait étonné les hommes stupéfaits d'un malheur dont il ne savait le nom, ni eux non plus."

Le plus clair exemple de cette affection pour le songe, la peur et le macabre, nous la donne Hugo dans *Les derniers jours d'un condamné* (XII, 1829):

"Je ne suis ni visionnaire, ni superstitieux. Il est probable que ces idées me donnaient un accès de fièvre; mais pendant que je rêvais ainsi, il m'a semblé tout à coup que ces noms fatals étaient écrits avec du feu sur le mur noir; un tintement de plus en plus précipité a éclaté dans mes oreilles; une lueur rousse a rempli mes yeux; et puis il m'a paru que le cachot était plein d'hommes, d'hommes étranges qui portaient leur tête dans leur main gauche, et la portaient par la bouche, parce qu'il n'y avait pas de chevelure. Tous me montraient le poing, excepté le parricide.
J'ai fermé les yeux avec horreur, alors j'ai tout vu plus distinctement.
Rêve, vision ou réalité, je serais devenu fou, si une impression brusque ne m'eût réveillé à temps. J'étais près de tomber à la renverse lorsque j'ai senti se traîner sur mon pied nu un ventre froid et des pattes velues; c'était l'araignée que j'avais dérangée et qui s'enfuyait.
Cela m'a dépossédé. – ô les épouvantables spectres! – Non, c'était une fumée, une imagination de mon cerveau vide et convulsif. Chimère à la Macbeth! Les morts sont morts; ceux-là surtout. Ils sont bien cadenassés dans le sépulcre. Ce n'est pas là une prison dont on s'évade. Comment se fait-il donc que j'aie eu peur ainsi?
La porte du tombeau ne s'ouvre pas en dedans"

Le *"mal du siècle"* s'exprime par un ennui inquiet, provoqué par l'inactivité. *Adolphe* (1816) de Benjamin Constant est la première expression de ce malaise, marquant l'incapacité à s'extérioriser qui conduit à la folie et au spleen. Le héros négatif du *"mal du siècle"* qui n'arrive ni à jouir ni à pleurer, et est vieux avant l'heure, usé par le temps et les années, trouvera de grandes manifestations dans la poésie de Baudelaire, *"À la musique"* (*Recueil de Douai*, 1870) de Rimbaud, le Raskolnikov de Dostoïevski ou les héros de Kafka.

Musset dans le sonnet *"Tristesse"* de ses *Poésies nouvelles* (1850), rend compte du goût prédominant du romantisme pour les larmes et le sentiment de déracinement:

"J'ai perdu ma force et ma vie,
Et mes amis et ma gaîté;
J'ai perdu jusqu'à la fierté
Qui faisait croire à mon génie.

Et pourtant elle est éternelle,
Et ceux qui se sont passés d'elle
Ici-bas ont tout ignoré.
Quand j'ai connu la Vérité,

J'ai cru que c'était une amie;
Quand je l'ai comprise et sentie,
J'en étais déjà dégoûté.

Dieu parle, il faut qu'on lui réponde.
Le seul bien qui me reste au monde
Est d'avoir quelquefois pleuré."

Le sentiment de cette force supérieure qui régit le destin fatal de l'être s'exprime aussi bien chez Hugo (*Hernani*, 1830, acte III, scène 4):

"HERNANI: Oh! par pitié pour toi, fuis! – Tu me crois peut-être
Un homme comme sont tous les autres, un être
Intelligent, qui court droit au but qu'il rêva.
Détrompe-toi. Je suis une force qui va!
Agent aveugle et sourd de mystères funèbres!
Une âme de malheur faite avec des ténèbres!
Où vais-je? je ne sais. Mais je me sens poussé
D'un souffle impétueux, d'un destin insensé.
Je descends, je descends, et jamais ne m'arrête.
Si parfois, haletant, j'ose tourner la tête,
Une voix me dit: Marche! et l'abîme est profond,
Et de flamme ou de sang je le vois rouge au fond!
Cependant, à l'entour de ma course farouche,
Tout se brise, tout meurt. Malheur à qui me touche!
Oh! fuis! détourne-toi de mon chemin fatal,
Hélas! sans le vouloir, je te ferais du mal!"

Que chez Bécquer (*Rimas*, 1857-1868, LX):

"Mi vida es un erial,
flor que toco se deshoja;
que en mi camino fatal
alguien va sembrando el mal
para que yo lo recoja."

Initiateur du discours sur la nature et de la joie du poète en elle, à la manière des *Rêveries* de Rousseau et de Jean-Antoine Roucher et ses poèmes bucoliques et pastorales, fut le célèbre mathématicien et physicien André-Marie Ampère, qui, dans son poème "*La Rencontre*", écrit: "*Le cri de la nature répandait dans mon âme une inquiétude vague et insupportable.*"

Cette relation dialectique entre le poète, Dieu et la nature, qui s'exprime au travers de l'impossibilité, apparaît chez Lamartine ("*Jocelyn*", 1836), et aura quelques échos, comme on le voit à la fin de la citation, chez Alfonso Cortés:

"*Mon âme cherche en vain des mots pour se répandre,*
Elle voudrait créer une langue de feu
Pour crier de bonheur vers la nature et Dieu.

– Dis-moi, repris-je, ami, par quelles influences,
Mon âme au même instant pensait ce que tu penses,
Je sentais dans mon cœur, au rayon de ce jour,
Des élans de désirs, des étreintes d'amour
Capables d'embrasser Dieu, le temps et l'espace"

C'est, de fait, dans le célèbre "*Les Préludes*" ("*Méditation Quinzième*") des fondatrices *Méditations poétiques* (1820) de Lamartine que s'exprime cette relation duelle entre le silence prodigieux et le cri perçant de l'âme poétique.

"*La nuit, pour rafraîchir la nature embrasée,*
De ses cheveux d'ébène exprimant la rosée,
Pose au sommet des monts ses pieds silencieux,
Et l'ombre et le sommeil descendent sur mes yeux
C'était l'heure où jadis!... Mais aujourd'hui mon âme,
Comme un feu dont le vent n'excite plus la flamme,
Fait pour se ranimer un inutile effort,
Retombe sur soi-même, et languit et s'endort!
Que ce calme lui pèse! Ô lyre! ô mon génie!
Musique intérieure, ineffable harmonie,
Harpes, que j'entendais résonner dans les airs
Comme un écho lointain des célestes concerts,
Pendant qu'il en est temps, pendant qu'il vibre encore,
Venez, venez bercer ce cœur qui vous implore.
Et toi qui donnes l'âme à mon luth inspiré,

Esprit capricieux, viens, prélude à ton gré!

Il descend! il descend! La harpe obéissante
A frémi mollement sous son vol cadencé,
Et de la corde frémissante
Le souffle harmonieux dans mon âme a passé!
.../...
Mais qu'importe, ô ma bien-aimée!
Le terme incertain de nos jours?
Pourvu que sur l'onde calmée,
Par une pente parfumée,
Le temps nous entraîne en son cours;

Pourvu que, durant le passage,
Couché dans tes bras à demi,
Les yeux tournés vers ton image,
Sans le voir, j'aborde au rivage
Comme un voyageur endormi.

Le flot murmurant se retire
Du rivage qu'il a baisé,
La voix de la colombe expire,
Et le voluptueux zéphire
Dort sur le calice épuisé.

Embrassons-nous, mon bien suprême,
Et sans rien reprocher aux dieux,
Un jour de la terre où l'on aime
Évanouissons-nous de même
En un soupir mélodieux.

Non, non, brise à jamais cette corde amollie!
Mon cœur ne répond plus à ta voix affaiblie.
L'amour n'a pas de sons qui puissent l'exprimer:
Pour révéler sa langue, il faut, il faut aimer.
Un seul soupir du cœur que le cœur nous renvoie,
Un œil demi-voilé par des larmes de joie,
Un regard, un silence, un accent de sa voix,
Un mot toujours le même et répété cent fois,
Ô lyre! en disent plus que ta vaine harmonie.
L'amour est à l'amour, le reste est au génie.
Si tu veux que mon cœur résonne sous ta main,

Tire un plus mâle accord de tes fibres d'airain.

J'entends, j'entends de loin comme une voix qui gronde;
Un souffle impétueux fait frissonner les airs,
Comme l'on voit frissonner l'onde
Quand l'aigle, au vol pesant, rase le sein des mers.

Eh! qui m'emportera sur des flots sans rivages?
Quand pourrai-je, la nuit, aux clartés des orages,
Sur un vaisseau sans mâts, au gré des aquilons,
Fendre de l'Océan les liquides vallons?
M'engloutir dans leur sein, m'élancer sur leurs cimes,
Rouler avec la vague, au fond des noirs abîmes?
Et, revomi cent fois par les gouffres amers,
Flotter comme l'écume, au vaste sein des mers?
D'effroi, de volupté, tour à tour éperdue,
Cent fois entre la vie et la mort suspendue,
Peut-être que mon âme, au sein de ces horreurs,
Pourrait jouir au moins de ses propres terreurs;
Et, prête à s'abîmer dans la nuit qu'elle ignore,
À la vie un moment se reprendrait encore,
Comme un homme roulant des sommets d'un rocher,
De ses bras tout sanglants cherche à s'y rattacher.
Mais toujours repasser par une même route,
Voir ses jours épuisés s'écouler goutte à goutte;
Mais suivre pas à pas dans l'immense troupeau
Ces générations, inutile fardeau,
Qui meurent pour mourir, qui vécurent pour vivre,
Et dont chaque printemps la terre se délivre,
Comme dans nos forêts le chêne avec mépris
Livre aux vents des hivers ses feuillages flétris;
Sans regrets, sans espoir, avancer dans la vie
Comme un vaisseau qui dort sur une onde assoupie;
Sentir son âme usée en impuissant effort
Se ronger lentement sous la rouille du sort;
Penser sans découvrir, aspirer sans atteindre,
Briller sans éclairer, et pâlir sans s'éteindre
Hélas! tel est mon sort et celui des humains
Nos pères ont passé par les mêmes chemins.
Chargés du même sort, nos fils prendront nos places.
Ceux qui ne sont pas nés y trouveront leurs traces.
Tout s'use, tout périt, tout passe: mais, hélas!

Excepté les mortels, rien ne change ici-bas!

Toi qui rendais la force à mon âme affligée,
Esprit consolateur, que ta voix est changée!
On dirait qu'on entend, au séjour des douleurs,
Rouler, à flots plaintifs, le sourd torrent des pleurs.
Pourquoi gémir ainsi, comme un souffle d'orage,
A travers les rameaux qui pleurent leur feuillage?
Pourquoi ce vain retour vers la félicité?
Quoi donc! ce qui n'est plus a-t-il jamais été?
Faut-il que le regret, comme une ombre ennemie,
Vienne s'asseoir sans cesse au festin de la vie?
Et d'un regard funèbre effrayant les humains,
Fasse tomber toujours les coupes de leurs mains?
Non: de ce triste aspect que ta voix me délivre!
Oublions, oublions: c'est le secret de vivre.
Viens; chante, et du passé détournant mes regards
Précipite mon âme au milieu des hasards!

De quels sons belliqueux mon oreille est frappée!
C'est le cri du clairon, c'est la voix du coursier;
La corde de sang trempée
Retentit comme l'épée
Sur l'orbe du bouclier.

La trompette a jeté le signal des alarmes:
Aux armes! et l'écho répète au loin:
Aux armes! Dans la plaine soudain les escadrons épars,
Plus prompts que l'aquilon, fondent de toutes parts;
Et sur les flancs épais des légions mortelles
S'étendent tout à coup comme deux sombres ailes.
Le coursier, retenu par un frein impuissant,
Sur ses jarrets pliés s'arrête en frémissant;
La foudre dort encore, et sur la foule immense,
Plane, avec la terreur, un lugubre silence
On n'entend que le bruit de cent mille soldats,
Marchant comme un seul homme au-devant du trépas.
Les roulements des chars, les coursiers qui hennissent,
Les ordres répétés qui dans l'air retentissent,
Ou le bruit des drapeaux soulevés par les vents,
Qui, sur les camps rivaux flottant à plis mouvants,
Tantôt semblent, enflés d'un souffle de victoire,

Vouloir voler d'eux-même au-devant de la gloire,
Et tantôt retombant le long des pavillons,
De leurs funèbres plis couvrir leurs bataillons.

Mais sur le front des camps déjà les bronzes grondent,
Ces tonnerres lointains se croisent, se répondent;
Des tubes enflammés la foudre avec effort
Sort, et frappe en sifflant comme un souffle de mort;
Le boulet dans les rangs laisse une large trace.
Ainsi qu'un laboureur qui passe et qui repasse,
Et, sans se reposer déchirant le vallon,
A côté du sillon creuse un autre sillon
Ainsi le trait fatal dans les rangs se promène
Et comme des épis les couche dans la plaine.
Ici tombe un héros moissonné dans sa fleur,
Superbe et l'œil brillant d'orgueil et de valeur.
Sur son casque ondulant, d'où jaillit la lumière,
Flotte d'un noir coursier l'ondoyante crinière:
Ce casque éblouissant sert de but au trépas;
Par la foudre frappé d'un coup qu'il ne sent pas,
Comme un faisceau d'acier il tombe sur l'arène;
Son coursier bondissant, qui sent flotter la rêne,
Lance un regard oblique à son maître expirant,
Revient, penche sa tête et le flaire en pleurant.
Là, tombe un vieux guerrier qui, né dans les alarmes,
Eut les camps pour patrie, et pour amours, ses armes.
Il ne regrette rien que ses chers étendards,
Et les suit en mourant de ses derniers regards...
La mort vole au hasard dans l'horrible carrière:
L'un périt tout entier; l'autre, sur la poussière,
Comme un tronc dont la hache a coupé les rameaux,
De ses membres épars voit voler les lambeaux,
Et, se traînant encor sur la terre humectée,
Marque en ruisseaux de sang sa trace ensanglantée.
Le blessé que la mort n'a frappé qu'à demi
Fuit en vain, emporté dans les bras d'un ami:
Sur le sein l'un de l'autre ils sont frappés ensemble
Et bénissent du moins le coup qui les rassemble.
Mais de la foudre en vain les livides éclats
Pleuvent sur les deux camps; d'intrépides soldats,
Comme la mer qu'entrouvre une proue écumante
Se referme soudain sur sa trace fumante,

Sur les rangs écrasés formant de nouveaux rangs,
Viennent braver la mort sur les corps des mourants!...
.../...
 Silence, esprit de feu! Mon âme épouvantée
Suit le frémissement de ta corde irritée,
Et court en frissonnant sur tes pas belliqueux,
Comme un char emporté par deux coursiers fougueux;
Mais mon œil attristé de ces sombres images
Se détourne en pleurant vers de plus doux rivages;
N'as-tu point sur ta lyre un chant consolateur?
N'as-tu pas entendu la flûte du pasteur?
Quand seul, assis en paix sous le pampre qui plie,
Il charme par ses airs les heures qu'il oublie,
Et que l'écho des bois, ou le fleuve en coulant,
Porte de saule en saule un son plaintif et lent?
Souvent pour l'écouter, le soir, sur la colline,
Du côté de ses chants mon oreille s'incline,
Mon cœur, par un soupir soulagé de son poids,
Dans un monde étranger se perd avec la voix;
Et je sens par moments, sur mon âme calmée,
Passer avec le son une brise embaumée,
Plus douce qu'à mes sens l'ombre des arbrisseaux,
Ou que l'air rafraîchi qui sort du lit des eaux.

Un vent caresse ma lyre
Comme l'aile d'un oiseau,
Sa voix dans le cœur expire,
Et l'humble corde soupire
Comme un flexible roseau!
.../...
Voilà du dieu des champs la rustique demeure.
J'entends l'airain frémir au sommet de ses tours;
Il semble que dans l'air une voix qui me pleure
Me rappelle à mes premiers jours!

Oui, je reviens à toi, berceau de mon enfance,
Embrasser pour jamais tes foyers protecteurs;
Loin de moi les cités et leur vaine opulence,
Je suis né parmi les pasteurs!

Enfant, j'aimais, comme eux, à suivre dans la plaine
Les agneaux pas à pas, égarés jusqu'au soir;

A revenir, comme eux, baigner leur tendre laine
Dans l'eau courante du lavoir ;

J'aimais à me suspendre aux lianes légères,
A gravir dans les airs de rameaux en rameaux,
Pour ravir, le premier, sous l'aile de leurs mères
Les tendres veufs des tourtereaux ;

J'aimais les voix du soir dans les airs répandues,
Le bruit lointain des chars émissant sous leur poids,
Et le sourd tintement des coches suspendues
Au cou des chevreaux dans les bois ;
.../...
S'éveiller, le cœur pur, au réveil de l'aurore,
Pour bénir, au matin, le Dieu qui fait le jour ;
Voir les fleurs du vallon sous la rosée éclore
Comme pour fêter son retour ;

Respirer les parfums que la colline exhale,
Ou l'humide fraîcheur qui tombe des forêts ;
Voir onduler de loin l'haleine matinale
Sur le sein flottant des guérets ;

Conduire la génisse à la source qu'elle aime,
Ou suspendre la chèvre au cytise embaumé,
Ou voir ses blancs taureaux venir tendre d'eux-même
Leur front au joug accoutumé ;

Guider un soc tremblant dans le sillon qui crie,
Du pampre domestique émonder les berceaux,
Ou creuser mollement, au sein de la prairie,
Les lits murmurants des ruisseaux ;

Le soir, assis en paix au seuil de la chaumière,
Tendre au pauvre qui passe un morceau de son pain ;
Et, fatigué du jour, y fermer sa paupière
Loin des soucis du lendemain ;

Sentir, sans les compter, dans leur ordre paisible,
Les jours suivre les jours, sans faire plus de bruit
Que ce sable léger dont la fuite insensible
Nous marque l'heure qui s'enfuit ;

Voir, de vos doux vergers, sur vos fronts les fruits pendre;
Les fruits d'un chaste amour dans vos bras accourir;
Et sur eux appuyé doucement redescendre:
C'est assez pour qui doit mourir.

Le chant meurt, la voix tombe: adieu, divin Génie!
Remonte au vrai séjour de la pure harmonie:
Tes chants ont arrêté les larmes dans mes yeux.
Je lui parlais encore... il était dans les cieux."

Vigny, dans "*La Maison du Berger*" (*Les Destinées*, 1840-1844), réaffirme les valeurs opposées de l'individu romantique, amant de la nature et du divin, et la société, corrompue par le commerce, raison pour laquelle doit s'exprimer le cri récurrent, qu'il nomme 5 fois ("*Ne jette, en appelant, le cri du désespoir,.../... Au passant du chemin elle criait: Largesse!.../... Ton coeur vibre et résonne au cri de l'opprimé,.../... Je n'entends ni vos cris ni vos soupirs; à peine.../... Vous ne recevrez pas un cri d'amour de moi*"):

"*Si ton coeur, gémissant du poids de notre vie,*
Se traîne et se débat comme un aigle blessé,
Portant comme le mien, sur son aile asservie,
Tout un monde fatal, écrasant et glacé;
S'il ne bat qu'en saignant par sa plaie immortelle,
S'il ne voit plus l'amour, son étoile fidèle,
Eclairer pour lui seul l'horizon effacé;
.../...
Pars courageusement, laisse toutes les villes;
Ne ternis plus tes pieds aux poudres du chemin
Du haut de nos pensers vois les cités serviles
Comme les rocs fatals de l'esclavage humain.
.../...
La Nature t'attend dans un silence austère;
.../...
Je verrai, si tu veux, les pays de la neige,
Ceux où l'astre amoureux dévore et resplendit,
Ceux que heurtent les vents, ceux que la mer assiège,
Ceux où le pôle obscur sous sa glace est maudit.
.../...

Mais il faut triompher du temps et de l'espace,
Arriver ou mourir. Les marchands sont jaloux.
.../...
Eh bien ! que tout circule et que les grandes causes
Sur des ailes de feu lancent les actions,
.../...
Béni soit le Commerce au hardi caducée,
Si l'Amour que tourmente une sombre pensée
Peut franchir en un jour deux grandes nations.

Mais, à moins qu'un ami menacé dans sa vie
Ne jette, en appelant, le cri du désespoir,
Ou qu'avec son clairon la France nous convie
Aux fêtes du combat, aux luttes du savoir ;
A moins qu'au lit de mort une mère éplorée
Ne veuille encor poser sur sa race adorée
Ces yeux tristes et doux qu'on ne doit plus revoir,

Evitons ces chemins. - Leur voyage est sans grâces,
Puisqu'il est aussi prompt, sur ses lignes de fer,
Que la flèche lancée à travers les espaces
Qui va de l'arc au but en faisant siffler l'air.
Ainsi jetée au loin, l'humaine créature
Ne respire et ne voit, dans toute la nature,
Qu'un brouillard étouffant que traverse un éclair.

On n'entendra jamais piaffer sur une route
Le pied vif du cheval sur les pavés en feu ;
Adieu, voyages lents, bruits lointains qu'on écoute,
Le rire du passant, les retards de l'essieu,
Les détours imprévus des pentes variées,
Un ami rencontré, les heures oubliées
L'espoir d'arriver tard dans un sauvage lieu.

La distance et le temps sont vaincus. La science
Trace autour de la terre un chemin triste et droit.
Le Monde est rétréci par notre expérience
Et l'équateur n'est plus qu'un anneau trop étroit.
Plus de hasard. Chacun glissera sur sa ligne,
Immobile au seul rang que le départ assigne,
Plongé dans un calcul silencieux et froid.

Jamais la Rêverie amoureuse et paisible
N'y verra sans horreur son pied blanc attaché;
Car il faut que ses yeux sur chaque objet visible
Versent un long regard, comme un fleuve épanché;
Qu'elle interroge tout avec inquiétude,
Et, des secrets divins se faisant une étude,
Marche, s'arrête et marche avec le col penché.

II
Poésie! ô trésor! perle de la pensée!
Les tumultes du coeur, comme ceux de la mer,
Ne sauraient empêcher ta robe nuancée
D'amasser les couleurs qui doivent te former.
Mais sitôt qu'il te voit briller sur un front mâle,
Troublé de ta lueur mystérieuse et pâle,
Le vulgaire effrayé commence à blasphémer.
.../...
La Muse a mérité les insolents sourires
Et les soupçons moqueurs qu'éveille son aspect.
Dès que son oeil chercha le regard des Satyres,
Sa parole trembla, son serment fut suspect,
Il lui fut interdit d'enseigner la Sagesse.
Au passant du chemin elle criait: Largesse!
Le passant lui donna sans crainte et sans respect.

Ah! Fille sans pudeur! Fille du Saint Orphée,
Que n'as-tu conservé ta belle gravité!
Tu n'irais pas ainsi, d'une voix étouffée,
Chanter aux carrefours impurs de la cité,
Tu n'aurais pas collé sur le coin de ta bouche
Le coquet madrigal, piquant comme une mouche,
Et, près de ton oeil bleu, l'équivoque effronté.

Tu tombas dès l'enfance, et, dans la folle Grèce,
Un vieillard, t'enivrant de son baiser jaloux,
Releva le premier ta robe de prêtresse,
Et, parmi les garçons, t'assit sur ses genoux.
De ce baiser mordant ton front porte la trace;
Tu chantas en buvant dans les banquets d'Horace,
Et Voltaire à la cour te traîna devant nous.
.../...

III
Eva, qui donc es-tu? Sais-tu bien ta nature?
Sais-tu quel est ici ton but et ton devoir?
Sais-tu que, pour punit l'homme, sa créature,
D'avoir porté la main sur l'arbre du savoir,
Dieu permit qu'avant tout, de l'amour de soi-même
En tout temps, à tout âge, il fit son bien suprême,
Tourmenté de s'aimer, tourmenté de se voir?

Mais si Dieu près de lui t'a voulu mettre, ô femme!
Compagne délicate! Eva! Sais-tu pourquoi?
C'est pour qu'il se regarde au miroir d'une autre âme,
Qu'il entende ce chant qui ne vient que de toi
- L'enthousiasme pur dans une voix suave. -
C'est afin que tu sois son juge et son esclave
Et règnes sur sa vie en vivant sous sa loi.

Ta parole joyeuse a des mots despotiques;
Tes yeux sont si puissants, ton aspect est si fort,
Que les rois d'Orient ont dit dans leurs cantiques
Ton regard redoutable à l'égal de la mort;
Chacun cherche à fléchir tes jugements rapides...
- Mais ton coeur, qui dément tes formes intrépides,
Cède sans coup férir aux rudesses du sort.
.../...
Mais aussi tu n'as rien de nos lâches prudences,
Ton coeur vibre et résonne au cri de l'opprimé,
Comme dans une église aux austères silences
L'orgue entend un soupir et soupire alarmé.
Tes paroles de feu meuvent les multitudes,
Tes pleurs lavent l'injure et les ingratitudes,
Tu pousses par le bras l'homme; il se lève armé.

C'est à toi qu'il convient d'Ouïr les grandes plaintes
Que l'humanité triste exhale sourdement.
Quand le coeur est gonflé d'indignations saintes,
L'air des cités l'étouffe à chaque battement.
Mais de loin les soupirs des tourmentes civiles,
S'unissant au-dessus du charbon noir des villes,
Ne forment qu'un grand mot qu'on entend clairement.

Viens donc! le ciel pour moi n'est plus qu'une auréole
Qui t'entoure d'azur, t'éclaire et te défend;
La montagne est ton temple et le bois sa coupole;
L'oiseau n'est sur la fleur balancé par le vent,
Et la fleur ne parfume et l'oiseau ne soupire
Que pour mieux enchanter l'air que ton sein respire;
La terre est le tapis de tes beaux pieds d'enfant.
.../...
Elle me dit: "Je suis l'impassible théâtre
Que ne peut remuer le pied de ses acteurs;
Mes marches d'émeraude et mes parvis d'albâtre,
Mes colonnes de marbre ont les dieux pour sculpteurs.
Je n'entends ni vos cris ni vos soupirs; à peine
Je sens passer sur moi la comédie humaine
Qui cherche en vain au ciel ses muets spectateurs.

"Je roule avec dédain, sans voir et sans entendre,
A côté des fourmis les populations;
Je ne distingue pas leur terrier de leur cendre,
J'ignore en les portant les noms des nations.
On me dit une mère et je suis une tombe.
Mon hiver prend vos morts comme son hécatombe,
Mon printemps ne sent pas vos adorations.
.../...
C'est là ce que me dit sa voix triste et superbe,
Et dans mon coeur alors je la hais, et je vois
Notre sang dans son onde et nos morts sous son herbe
Nourrissant de leurs sucs la racine des bois.
Et je dis à mes yeux qui lui trouvaient des charmes:
"Ailleurs tous vos regards, ailleurs toutes vos larmes,
Aimez ce que jamais on ne verra deux fois."

Oh! qui verra deux fois ta grâce et ta tendresse,
Ange doux et plaintif qui parle en soupirant?
Qui naîtra comme toi portant une caresse
Dans chaque éclair tombé de ton regard mourant,
Dans les balancements de ta tête penchée,
Dans ta taille indolente et mollement couchée,
Et dans ton pur sourire amoureux, et souffrant?

Vivez, froide Nature, et revivez sans cesse
Sous nos pieds, sur nos fronts, puisque c'est votre loi

Vivez, et dédaignez, si vous êtes déesse,
L'homme, humble passager, qui dut vous être un roi
Plus que tout votre - règne et que ses splendeurs vaines,
J'aime la majesté des souffrances humaines,
Vous ne recevrez pas un cri d'amour de moi.
.../..."

Pour Hugo, comme pour beaucoup d'auteurs du XIXème siècle, les passions, la douleur, le cri et la mélancolie s'expriment dans l'Orient lointain de l'Afrique fantasmée: Orient reflété dans "*le cri de guerre du mufti*" et "*la douleur du pachá*", "*La férocité et la mélancolie désordonnée des Orientaux*".

Dans la seconde partie de son livre: *L'Écrivain imaginaire. Scénographies auctoriales à l'époque romantique* (Paris, Honoré Champion, 2007), José-Luis Diaz reconnaît plusieurs moments de l'historiographie de l'écrivain romantique, qui proviendraient de la Renaissance: le "*poète lauré*" du XVIème siècle, qui se montre comme un poète aventureux et conquérant, et dont la poésie est l'expression d'une "*furor*" prophétique et amoureuse, bien que souvent décevante.

Ce sera en 1770 que Diderot et les pré-romantiques redécouvriront les concepts de la fureur et de l'enthousiasme, servant la figure de Prométhée de référence absolue, aussi bien chez Diderot que chez Mercier ou Chénier, pour mettre en évidence l'énergie créatrice du poète, capable de tout dévaster, à tel point qu'elle se représente par des métaphores de catastrophes naturelles telles que le volcan en éruption, la tempête, etc., ce que Diaz appelle un "*Sturm und Drang à la française*", s'orientera, selon l'auteur, vers le sublime, tandis que le préromantisme révolutionnaire se caractériserait par un retour à l'âge d'or. Le poète se complaît dans la solitude et la méditation, et sa poésie est essentiellement élégiaque.

De là surgira le premier romantisme, celui du poète morant et du poète en état de misère, particulièrement représenté dans les poèmes de Lamartine. En 1823, il publie ses *Nouvelles Méditations*, dans lesquelles on trouve le célèbre poème "*Poète mourant*". Ce thème apparaît pour la première fois en 1807, dans le troisième chant du *Génie de l'homme* de Chênedollé. Déjà les secondes Lumières mettaient en scène la figure du poète martyr.

Le poète du premier romantisme est souvent un jeune tuberculeux, de santé extrêmement fragile. La figure du poète moribond prédomine jusque dans les années 1820, pour être remplacé à partir de cette date par le poète en situation de misère. Le changement se manifeste par une moindre utilisation des figures mythologiques, qui étaient très courantes dans la première période. Les motifs de la représentation du poète moribond sont stéréotypés: jeune, malheureux, malade, sur son lit d'agonie, le poète commence son dernier chant, parfois entouré de ses amis, parfois solitaire. Ce poète est angélical et pur. La langueur est sa maladie et il attend la mort. Sa mort, généralement douce, est une libération, car le génie est considéré comme un don funeste. Le poète est dépouillé de la vie et de la gloire, et c'est l'horreur de sa situation. Diaz résume cette figure comme "*générosité de la dépossession aristocratique*".

La seconde représentation romantique du poète est celle du poète paternel ou prophète, introduite par Hugo:

"*Le poète en des jours impies*
Vient préparer des jours meilleurs.
Il est l'homme des utopies,
Les pieds ici, les yeux ailleurs.
C'est lui qui sur toutes les têtes,
En tout temps, pareil aux prophètes,
Dans sa main, où tout peut tenir,
Doit, qu'on l'insulte ou qu'on le loue,
Comme une torche qu'il secoue,
Faire flamboyer l'avenir!" ("*Les Rayons et les ombres*", 1840)

Alors que le cygne était le symbole du poète mélancolique, l'aigle est celui du poète prophète. Hugo le définit à partir de ses sympathie pour la monarchie et la religion chrétienne. Cependant, en changeant de paradigme politique après 1830, le poète, de héros, devient une figure paternelle. Les mythes antiques se mêlent avec les chrétiens: le prophète, représenté par Moïse guidant son peuple, est récurrent. Hugo développe une "*conception activiste et responsable de la poésie."* La poésie, conçue comme un engagement, est un héritage qu'assume le groupe Muse Française dans les années 1821-1824.

La préface de *William Shakespeare* (1833) démontre le pouvoir de la force poétique et le devoir de l'écrivain. L'écrivain doit enseigner. Il est prophète, dans une attitude généreuse, sacrifiée, le poète est grand et malheureux à la fois. Ses personnages épigones sont Jupiter et Jéhovah. Orphée, qui civilise les bêtes sauvages avec son chant, Amphion, qui reconstruitThèbes, et Moïse. Les images sont celles du vol. Les métaphores d'ascension abondent, permettant de représenter le poète avec vue panoramique. La trompette héroïque et les genres de l'ode et de l'épopée remplacent la lyre du poète moribond et l'élégie. En outre, le choix du genre théâtral démontre cette volonté de responsabilité et d'engagement devant et face au public, puisqu'il permet de *"sortir de l'ordre du dire pour avoir accès à l'ordre du faire"*.

La troisième figure du poète romantique apparaît avant 1830, et est celle de l'énergie. Elle souligne sur le pouvoir et la fureur du poète, qui s'assimile à la figure de la Renaissance et au poète prophète d'Hugo, mais en étant une énergie domptée. La figure de Prométhée est centrale dans cette période aussi, aussi bien chez Hugo comme chez Lamartine, comme on le voit dans le poème *"L'Enthousiasme"* du second. La figure énergétique du poète s'enracine dans des auteurs comme Goethe, Byron et Walter Scott. Comme Stendhal, en particulier avec *Vie de Rossini* (1823) et *Racine et Shakespeare* (1823-1825). Latouche aussi et les auteurs du *Globe* contribuent à renforcer l'image de ce romantisme énergétique. De nouveau, cette figure se doit à Hugo, à travers de ses articles sur Scott et Byron, publiés dans la *Muse Française* entre 1823 et 1824, et également à la préface de *Cromwell* (1827) qui met en scène un poète puissant comme un dieu, mais audacieux et jeune, portrait qui créa celui du *"roi révolutionnaire"*, qui reçut bon accueil du groupe des Jeune-France (Pétrus Borel, Aloysius Bertrand ...) comme de Musset, qui cultive l'impertinence, et de Balzac, qui pense son écriture en termes d'énergie et de puissance. L'écrivain du romantisme énergétique n'est pas poète, mais plutôt *"barde"* ou *"rhapsode"*, étant fréquentes les métaphores du volcan, de la guerre, et les identifications avec les chefs et les dieux. L'arbre, évoqué pour sa sève dans le romantisme antérieur, est utilisé ici comme symbole patriarcal. Le pouvoir créateur est représenté par des images aquatiques comme l'eau du Nil. Les géants, Samson,

Hercule, Atlas, Vulcain, le Cyclope, ou Orphée en tant qu'explorateur des enfers définissent ce romantisme énergétique. Pourtant, ce sont les médecins et les mineurs qui sont les héros de ce romantisme, à la fois archaïsant et contemporain (comme sera, de même, le modernisme de Dario dans *Azul...*). Le poète devient sorcier et sphinx, doté d'un pouvoir érotique surnaturel, et son pouvoir est indomptable.

Selon Diaz, ces trois scénarios autoriels ont en commun de donner un rôle sérieux et dramatique à l'écrivain. Les 2 premiers coupent avec le sublime par leur tonalité parodique et ironique. Étant ainsi des réactions à ces premiers modèles les scénarios postérieurs à 1830, de fait, le romantisme ironique fait de l'écrivain un être capricieux, élégant et charmeur, mais sceptique. Représentants de cela sont Nodier, qui devient le principal représentant du romantisme ironique, et Sterne. Hoffmann, dont les *Contes fantastiques* furent traduits en 1829, Hugo aussi. Hoffmann et Goethe avec le *Faust* inspirent, selon Diaz, le romantisme ironique. Leque a son exposition maximale, toujours selon Diaz, dans *La Peau chagrin* de Balzac, *Histoire du Roi de Bohème* (janvier 1830) de Nodier Mort et *L'Âne mort ou la femme guillotinée* (1829) de Jules Janin, trois ouvrages publiés en 1831, et se réclamant de Diderot et de Sterne. Le développement de trois revues: *L'Artiste, La Mode* et *La Revue de Paris* accompagne ce nouveau courant romantique.

Dans *Les Romans et contes philosophiques*, Balzac présente un "conteur excentrique", qui se montre comme un artiste sorcier, fantastique et fantaisiste.

Le dernier romantisme, selon Diaz, contrepartie du romantisme ironique et "*fashionable*" représentée par Balzac, Nodier, Sterne, Barbey d'Aurevilly dans ses *Contes d'Espagne et d'Italie*, est le poète désenchanté. Ce romantisme est plus sombre et pessimiste en excès. Accablés par leurs prédécesseurs, les auteurs de ce dernier romantisme insistent sur la souffrance des textes, s'assimilant ainsi au romantisme mélancolique. Ils s'opposent à l'image du poète tout puissant et les topiques de leur poésie sont l'impuissance sexuelle, le vice, l'alcool, les jeux. Du romantisme ironique, dans lequel se manifestaient de grandes digressions dans les textes, en raison de l'idée que la poésie était un art oisif, et l'image du poète voyageur, dérivent et se substituent dans ce romantisme désenchanté l'identification du poète comme n'importe qui, le poète comme "*poète crotté*" (derivé de Rutebeuf et de Villon), comme "*bon à rien*", et, nous ajoutons, avec des intentions jamais satisfaites de longs voyages.

Ainsi, l'axiologie romantique nous apparaît sous deux angles: 1/ l'apologie du Moi (affirmation et analyse du Moi, voir notre article sur "*Yo soy aquel que ayer no más decía*", *El Nuevo Diario*, 5/8/2006, p. 10: de la préface des *Contemplations* de Hugo: "*Insensé, qui crois que je ne suis pas toi!*", jusqu'à "*Je est un Autre*" de Rimbaud, dans sa lettre du 15 mai 1871 à Paul Demeny, orgueil du Moi et du génie personnel; primauté du Moi sur le social, débat qui se tient depuis Hegel dans sa critique de Kant, Fichte et Schelling dans *Croire et Savoir*). 2 / La focalisation répétitive du cri comme expression du Moi, confirmée dans les nombreux extraits cités.

Le cri dans le romantisme s'exprime comme une forme de l'horreur, ce qui se voit aussi bien dans "*Der Erlkönig*" (1782) de Goethe:

"*Mein Sohn, was birgst du so bang dein Gesicht?-*
.../...
Mein Vater, mein Vater, und hörest du nicht,
Was Erlenkönig mir leise verspricht?-
Sei ruhig, bleibe ruhig, mein Kind!
In dürren Blättern säuselt der Wind.-

"*Willst, feiner Knabe, du mit mir gehn?*
Meine Töchter sollen dich warten schön;
Meine Töchter führen den nächtlichen Reihn
Und wiegen und tanzen und singen dich ein."
.../...
    "*Ich liebe dich, mich reizt deine schöne Gestalt;*
Und bist du nicht willig, so brauch ich Gewalt.""

Comme dans "*El Desdichado*" (première publication: *Le Mousquetaire*, 10 décembre 1853, puis *L'Artiste*, 1er janvier 1854, publié en volume dans *Les Chimères*, 1841-1854) de Nerval (dans la dernière strophe):

"Et j'ai deux fois vainqueur traversé l'Achéron:
Modulant tour à tour sur la lyre d'Orphée
Les soupirs de la Sainte et les cris de la Fée."

Ce sont ainsi même les cris terribles de "*Double Assassinat dans la Rue Morgue*" (1841) de Poe, liés, comme l'a dit la critique, à l'inhumanité de l'assassin, ou les cris répétés de Grégoire Samsa transformé en un insecte chez Kafka.

Le cri de la vérité intime, versus l'absurdité de la réalité sociale dans "*Le Coeur révélateur*" (*The Pioneer*, janvier 1843) de Poe (où le cri de l'assassin protagoniste vient substituer celui du vieil homme qu'il a tué: "*Mais n'importe quoi était plus tolérable que cette dérision! Je ne pouvais pas supporter plus longtemps ces hypocrites sourires! Je sentis qu'il fallait crier ou mourir! — et maintenant encore, l'entendez-vous? — écoutez! plus haut! - plus haut! - toujours plus haut! - toujours plus haut!*") ou de Raskolnikov dans *Crime et Châtiment* (1866, VI-6) de Dostoïevski ("*- Mon crime? Quel crime? répliqua-t-il dans un soudain accès de colère: celui d'avoir tué une vermine sale et malfaisante, une vieille usurière nuisible à tout le monde, un vampire qui suçait le sang des pauvres? Mais un tel meurtre devrait obtenir l'indulgence pour quarante péchés!*").

C) *Le Cri* de Munch face à l'histoire des formes: une singularité toute relative

On connaît bien les cinq versions du *Cri* (dont celle, volée en 2004 au Musée Munch d'Oslo, traditionnellement considérée de 1893, a finalement été datée de 1910, http://cadenaser.com/ser/2008/05/21/cultura/1211325430_850215.html), et les antécédents que sont les deux représentations de *Le Désespoir* de 1892 (nous l'avons dit, *Le Cri* s'intégrait à cette série, puisque son titre original était, également, *Le Désespoir*, cf. par ex. Kleiner, p. 673), lisibles en séquence avec *Anxiété* de 1894.

L'Historien d'Art états-unien Robert Rosenblum (*Symbols and Images of Edvard Munch*, catalogue d'exposition, Washington, National Gallery of Art, 1978, p. 7 et note 10 p. 9, suivant Wayne Andersen sur Gauguin, dans

"*Gauguin and a Peruvian Mummy*", Burlington Magazine, No 109, Avril 1967, pp. 238-242, et *Gauguin's Paradise Lost,* New York, The Viking Press, 1971, pp. 89-90), repris par Rossella Lorenzi ("*Italian Mummy Source of 'The Scream'?*", Discovery News, 7 Septembre 2004) dans l'entrevue qu'elle lui a consacrée, avait postulé que le personnage criant au visage cadavérique de Munch pouvait lui avoir été inspiré par une momie péruvienne, découverte en 1877 (Jean Noctzli et Pierre Vidal Senèze, "*Sur des momies découvertes dans le Haut Pérou*", Bulletins de la Société d'anthropologie de Paris, II° Série, T. 12, 1877, pp. 640-641), et présentée au Musée d'Ethnographie du Trocadéro en 1882, où la vit, lors de l'Exposition Universelle de 1889, le peintre, en compagnie de Paul Gauguin, qui en aurait, à son tour, utilisé la figure, de manière récurrente, dans divers dessins, gravures et peintures, notamment dans les différentes versions de 1888 de *Vendange à Arles (Misère Humaine)*, et, en 1889, dans les deux versions de l'*Ève bretonne* et le bas-relief *Soyez amoureuses vous serez heureuses*.

Pour sa part, en 2004, l'anthropologue de l'Université de Florence Piero Mannucci a relevé la plus grande similitude encore du personnage de Munch avec la momie, également péruvienne, découverte en 1882 par Oscar Perrone (https://www.fertur-travel.com/blog/2013/the-scream-of-peru-mummies-and-edvard-munchs-inspiration/8019/), et conservée depuis 1883 au Musée d'Histoire Naturelle de la capitale toscane. Toutefois ce n'est qu'en 1899 que Munch visita cette ville (http://munchmuseet.no/en/munch), et résida dans la proche Fiesole (http://www.freerepublic.com/focus/f-chat/1209557/posts).

Mais en réalité, plusieurs oeuvres très célèbres de l'héritage européen préfigurent, thématiquement, et visuellement, *Le Cri*, bien qu'elles n'aient jamais été mises en parallèle avec celui-ci.

Ce sont, chronologiquement: le fameux dessin de *Tête d'homme hurlant et profil* (c.1503) de Léonard de Vinci; la figure de l'homme recroquevillé sur lui-même et se prenant les cheveux et la tête à deux mains de l'estampe intitulée *Le Désespéré* (1515) d'Albrecht Durer, mais dans laquelle on reconnaît une reprise de la figure de l'*Envie*, telle qu'elle apparaît, aussi bien chez Andrea Alciati que chez Vincenzo Cartari (l'une des autres figures de l'estampe versant sur une femme endormie sa chope, selon la représentation, également emblématique, de l'Ingratitude à partir de l'évocation du tonneau des Danaïdes par Platon dans le *Georgias*, 493d-494a); l'Envie, qui, là encore, se prenant la tête entre les mains, de l'*Allégorie* anciennement connue sous le titre de *Venere, Cupido, la Follia e il Tempo* (1540-1545) d'Angelo Bronzino; Le Vice (1684-1684) du couple de bustes *Le Vice* et *La Vertu* (collection Liechtenstein à Vienne) par Filippo Parodi, directement inspiré de celui de l'*Anima Dannata* et l'*Anima Beata* (1619) de Bernini, figure de l'*Anima Dannata* déjà représentée en 1525 par Michel Ange dans un dessin, conservé au Gabinetto Disegni e Stampe des Uffizi, et également reprise, dans leurs respectives versions, par Giovanni Bernardino Azzolino (1572-1645, conservée au Museo nazionale di Capodimonte de Naples, Salle 14), et Massimiliano Soldani Benzi (1705-1707), cette dernière copie presque à l'identique du buste du Bernin.

Alors que, finalement, conjointement au collage, par John Heartfield, de la couverture du numéro 3 de la revue *Der Dada* (Avril 1920), l'*Autoportrait photographique au poing futuriste* (1915) de Fortunato Depero (contemporain aussi de son *Autoportrait grimaçant*), terminant d'encadrer l'oeuvre de Munch, mais, cette fois, plus ludiquement (et dans l'esprit de jeunesse violente de son mouvement, par opposition, sans doute, à l'implicite introspection crépusculaie du *Cri*), lui est postérieur de moins d'à peine plus de vingt ans.

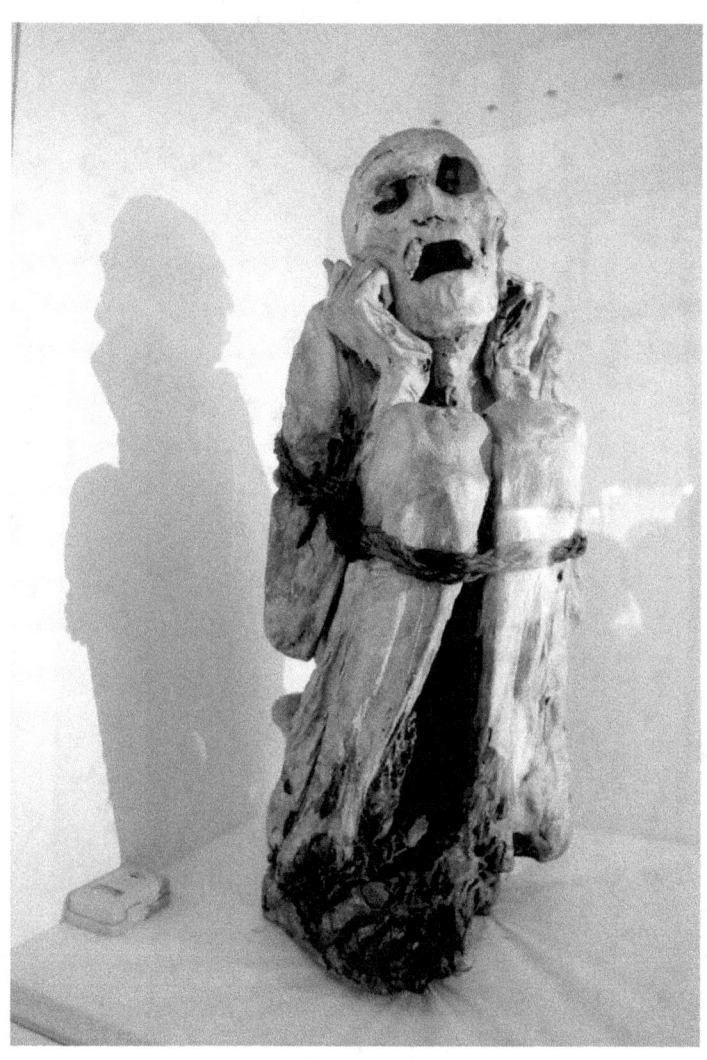

Mommie Chachapoya, Musée de l'Homme, Paris

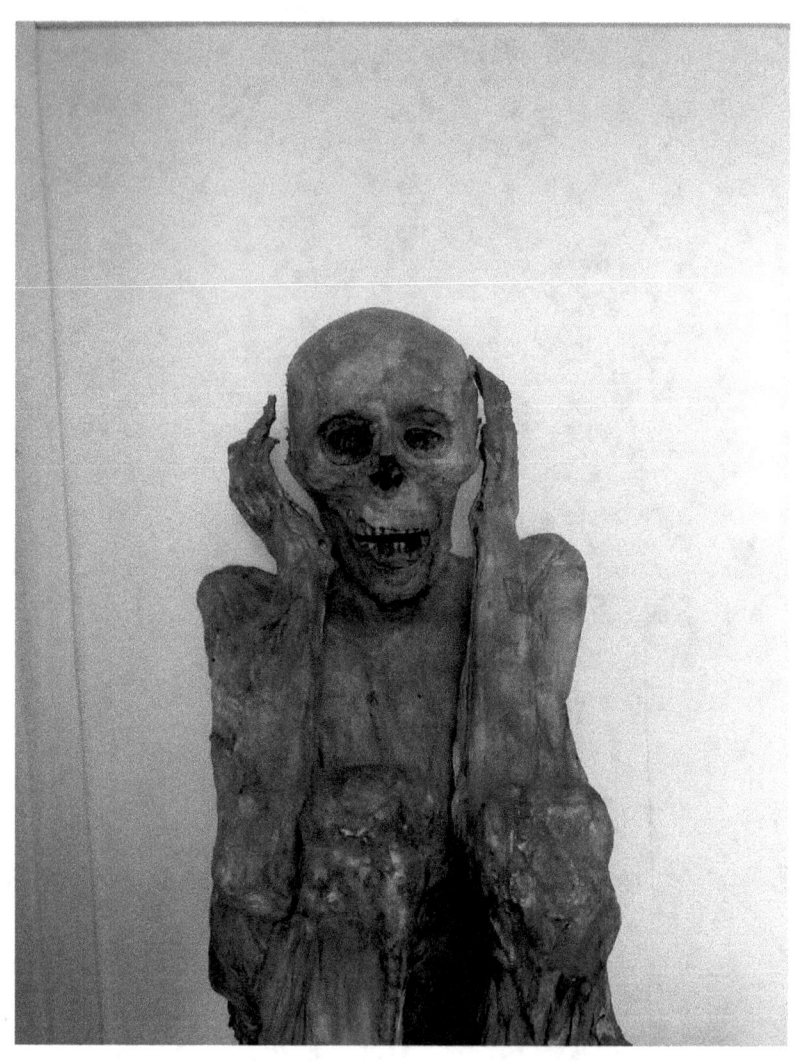

Mommie péruvienne, Museo di Antropologia, Florence

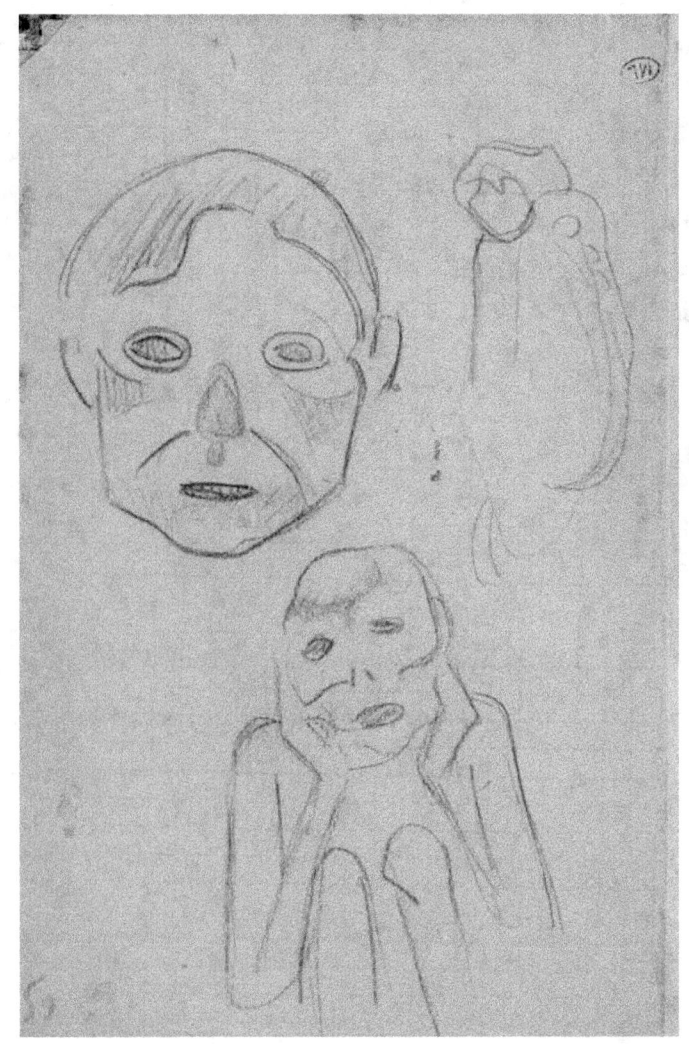

Paul Gauguin, dessin

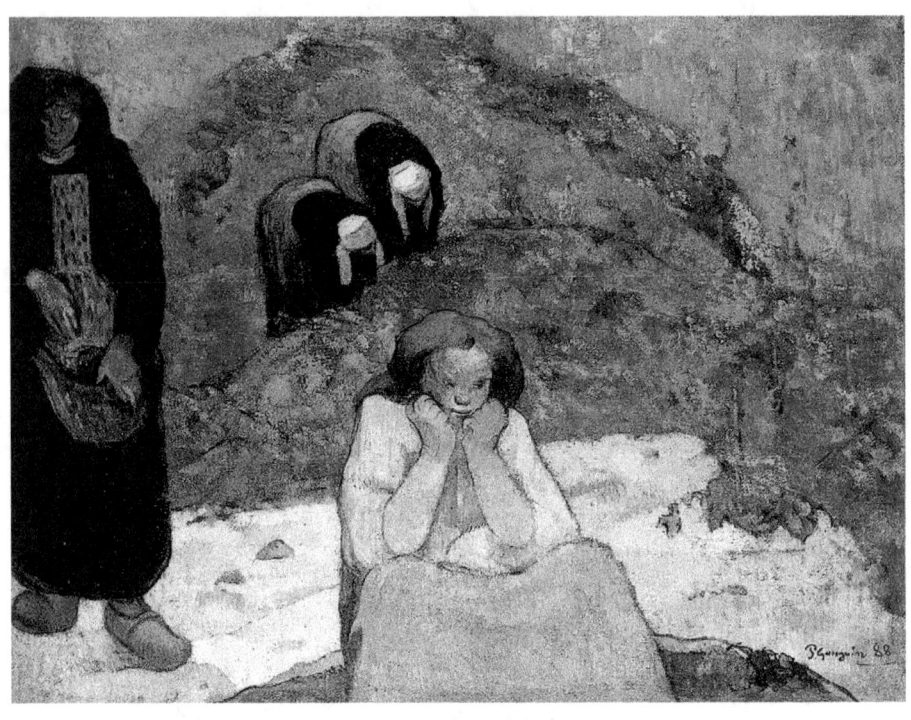

Paul Gauguin, *Vendange à Arles (Misère Humaine)*, 1888

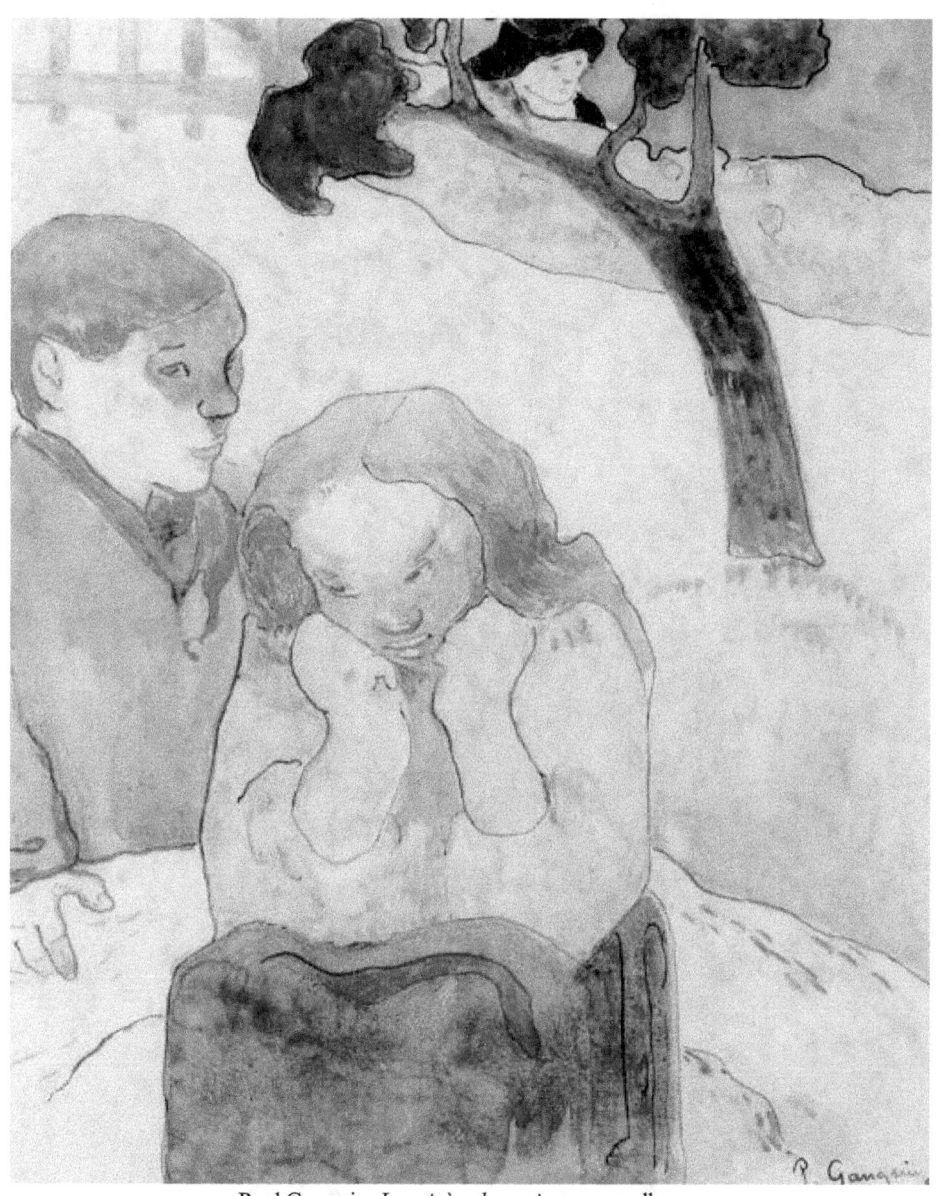

Paul Gauguin, *La misère humaine*, aquarelle

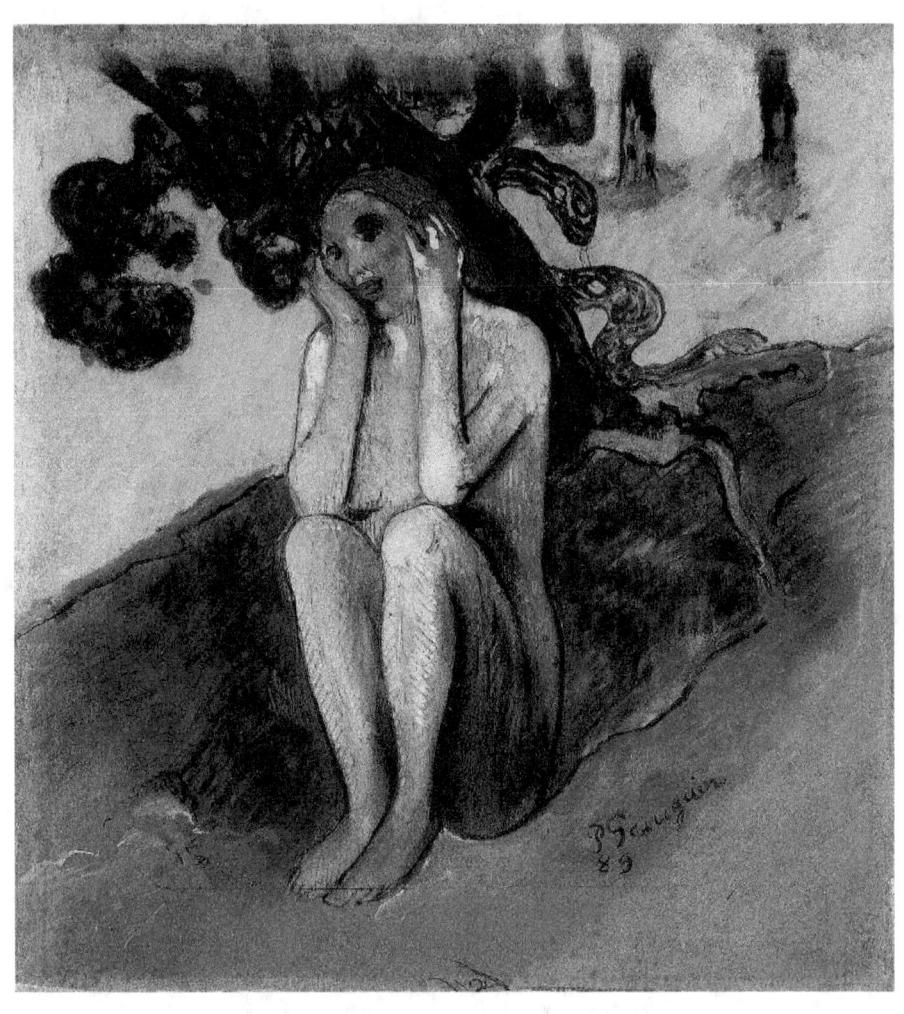

Paul Gauguin, *Ève bretonne I*, 1889

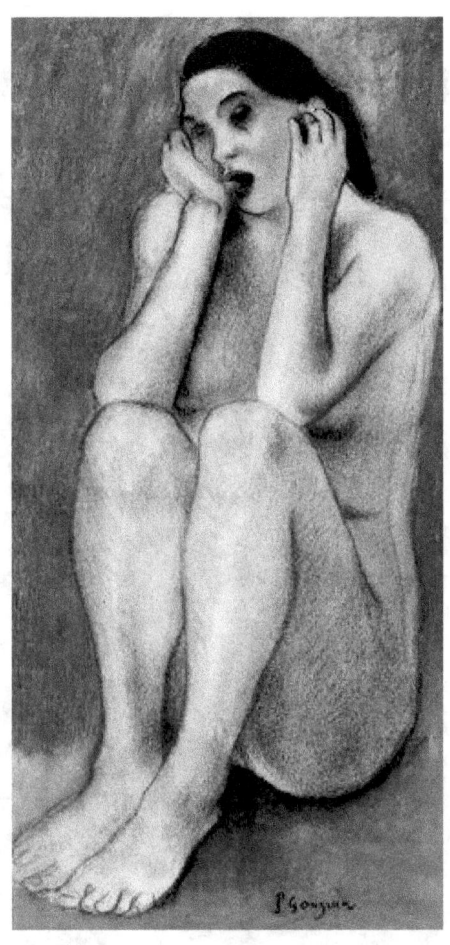

Paul Gauguin, *Ève bretonne II*, 1889

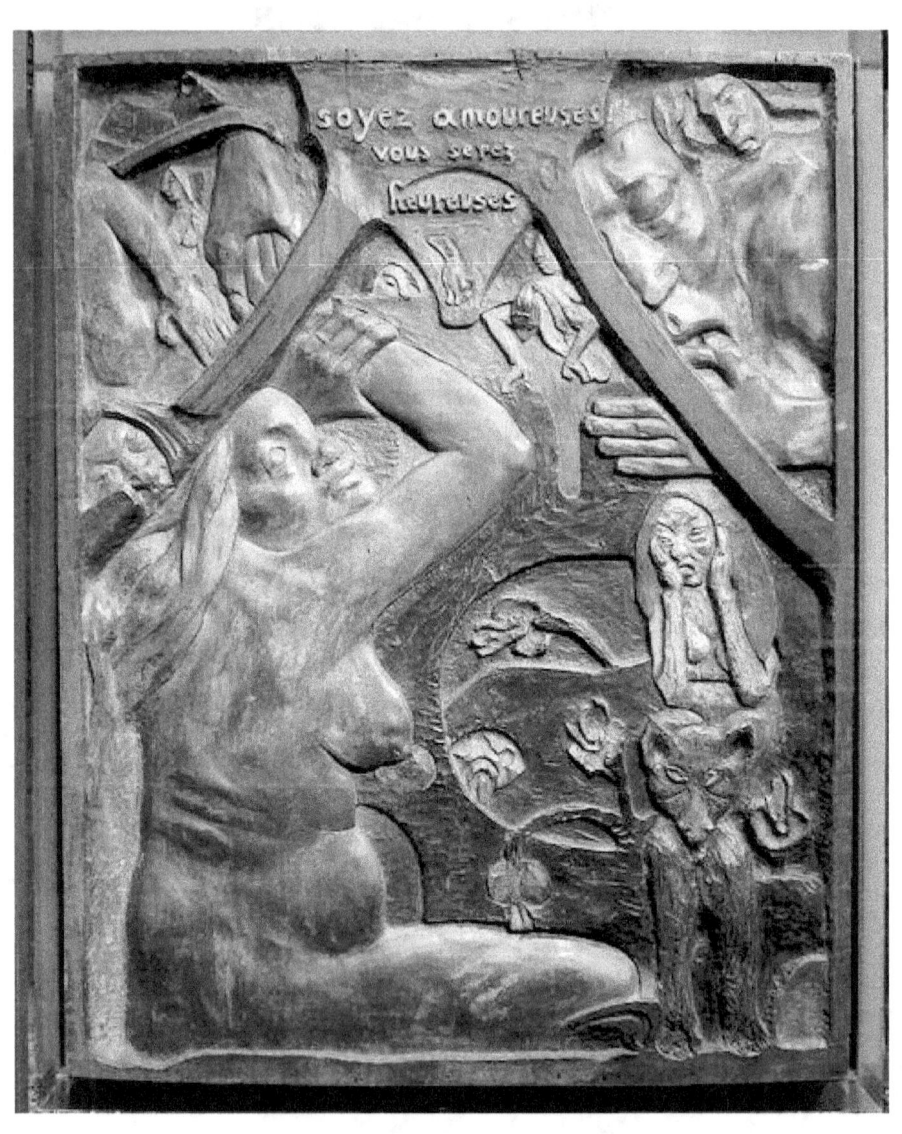

Paul Gauguin, *Soyez amoureuses vous serez heureuses,* 1889, Bas-relief. Dimensions (H × L). 97 × 75 cm.

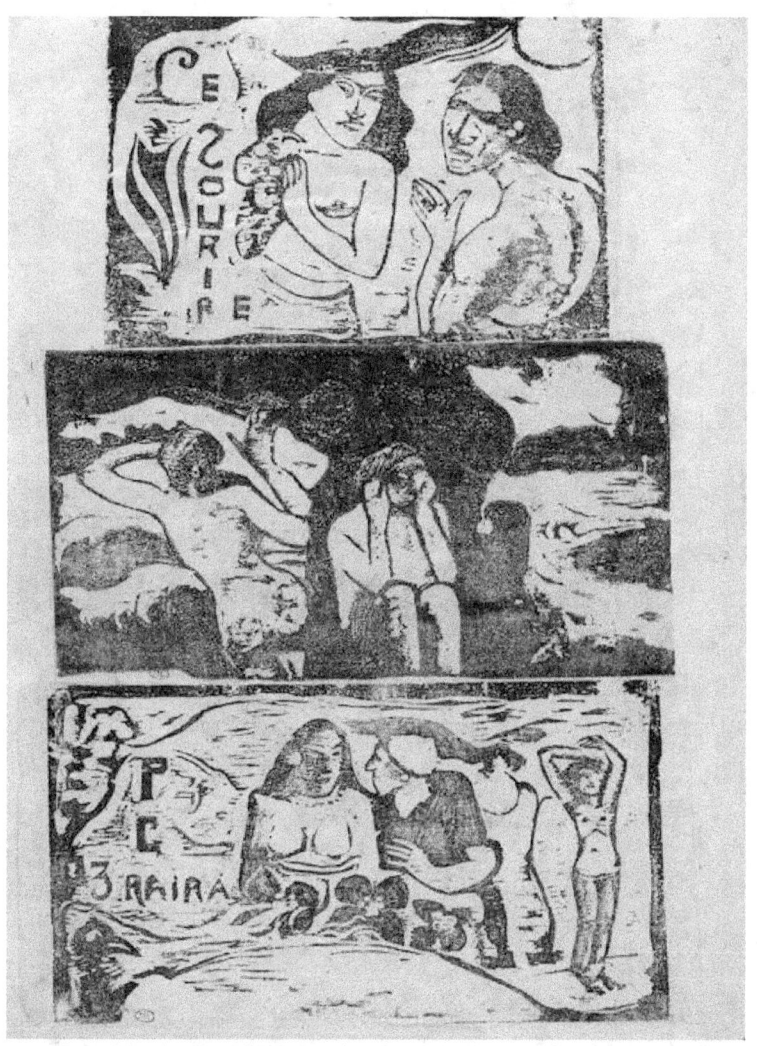

"*Gauguin, Cat. 91, At the Black Rocks, from the Suite of Late Wood-Block Prints: Tombstone*," in <u>Gauguin Paintings, Sculpture, and Graphic Works at the Art Institute of Chicago,</u> ed. Gloria Groom and Genevieve Westerby (Art Institute of Chicago, 2016), 1.

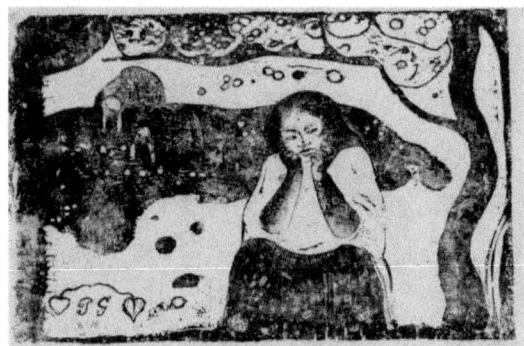

"*Gauguin, Cat. 95, Human Miseries, from the Suite of Late Wood-Block Prints (1947.436): Tombstone*," in Gauguin Paintings, Sculpture, and Graphic Works at the Art Institute of Chicago, ed. Gloria Groom and Genevieve Westerby (Art Institute of Chicago, 2016), 1.

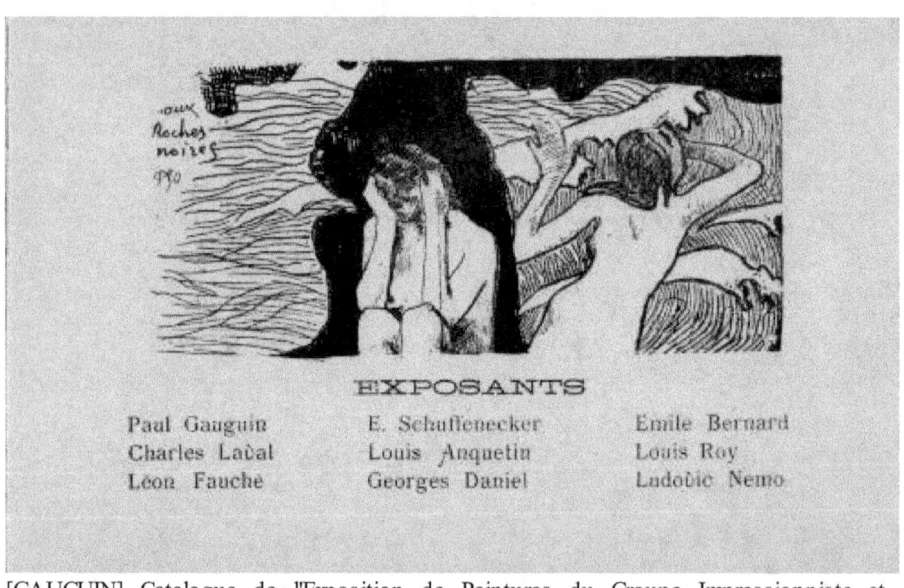

[GAUGUIN] Catalogue de l'Exposition de Peintures du Groupe Impressionniste et Synthétiste faite dans le local de M. Volpini au Champ de Mars, 1889. E. Watelet imprimeur. Plaquette in-8 à l'italienne

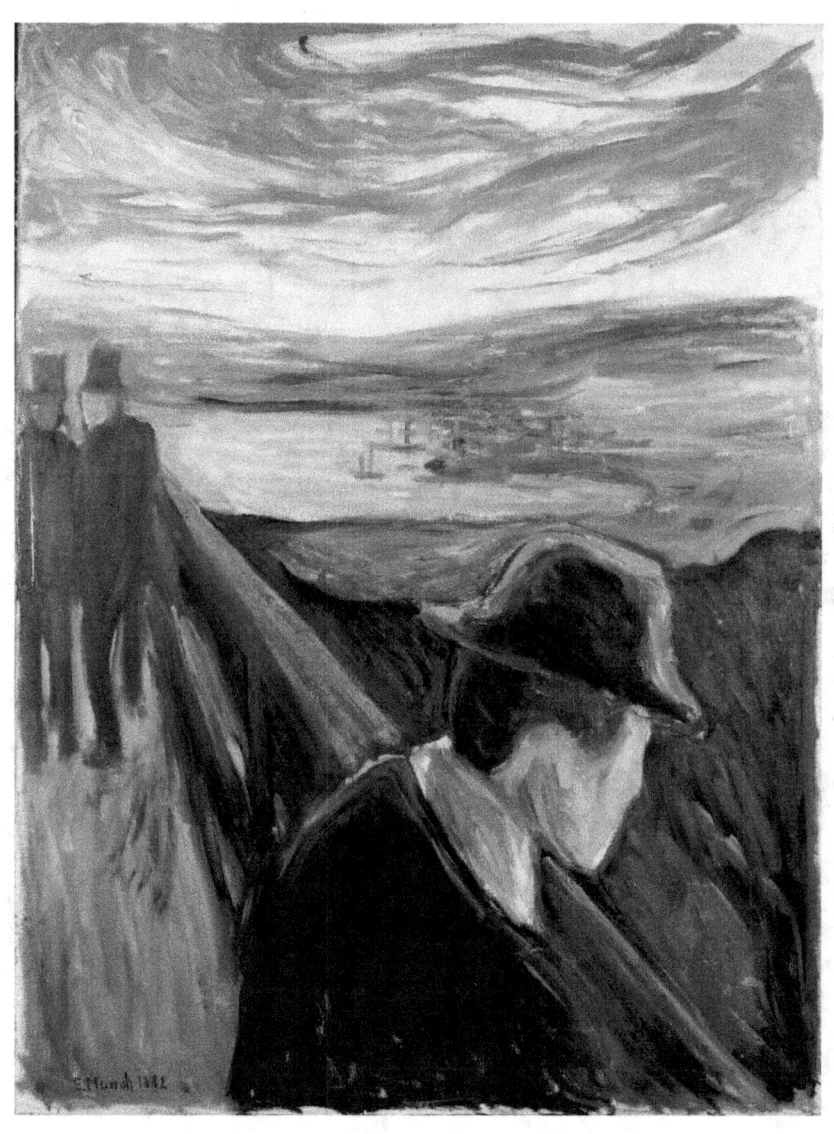

Edvard Munch, *Désespoir*, 1892

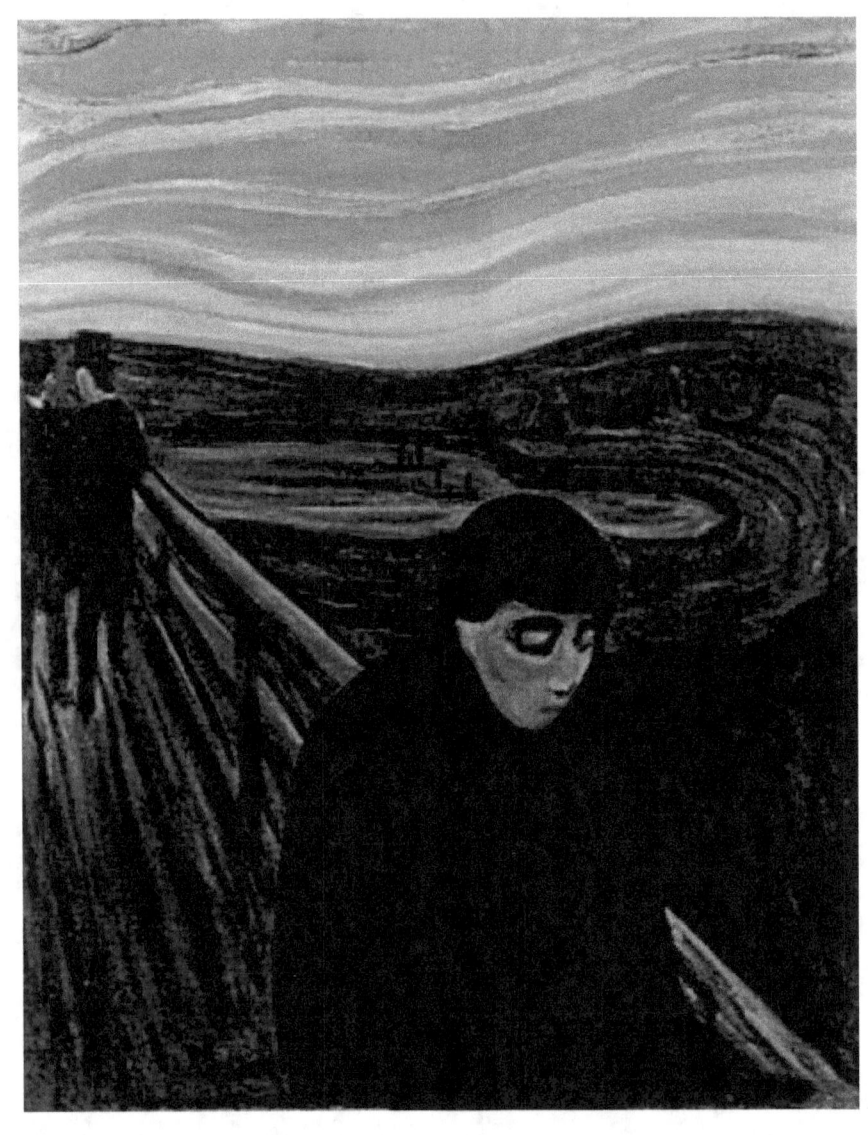

Edvard Munch, *Désespoir*, 1892

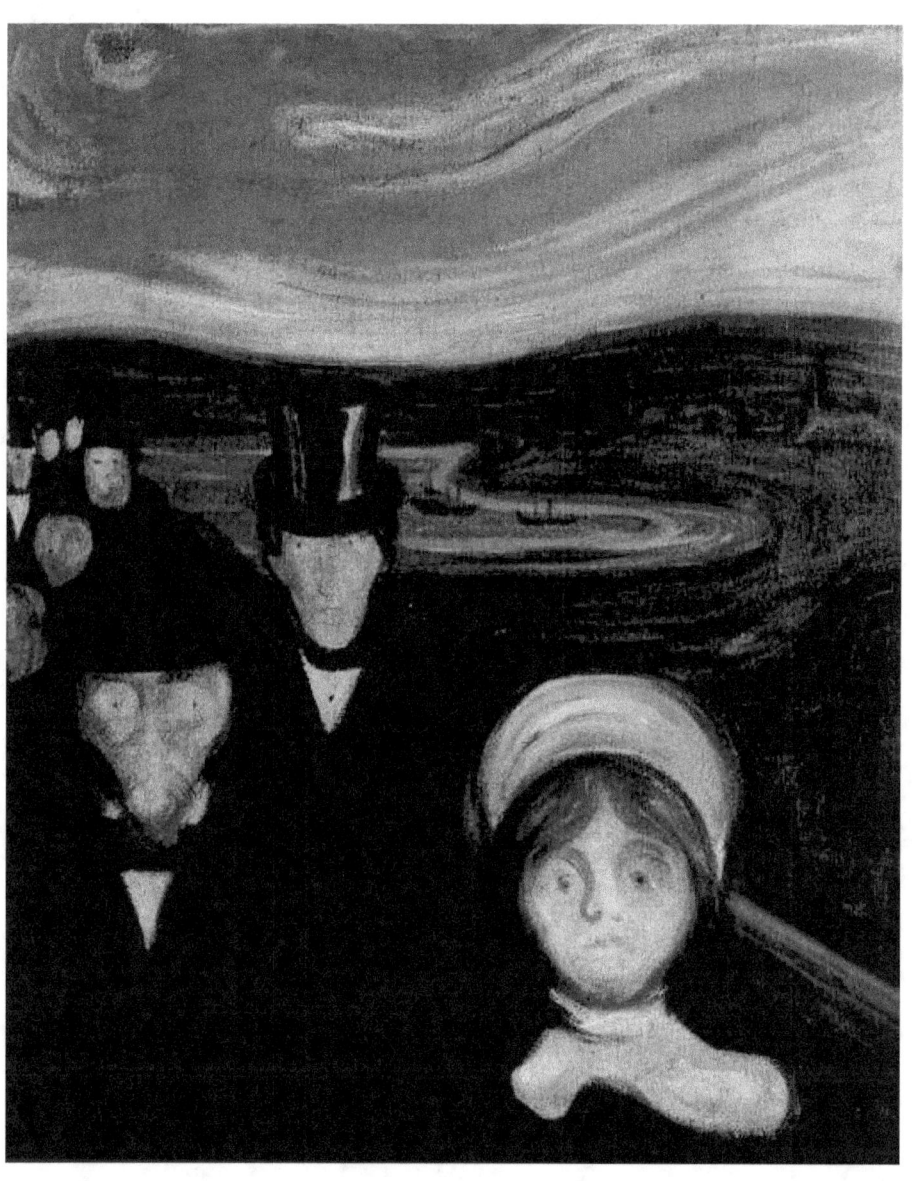

Edvard Munch, *Anxiété*, 1894

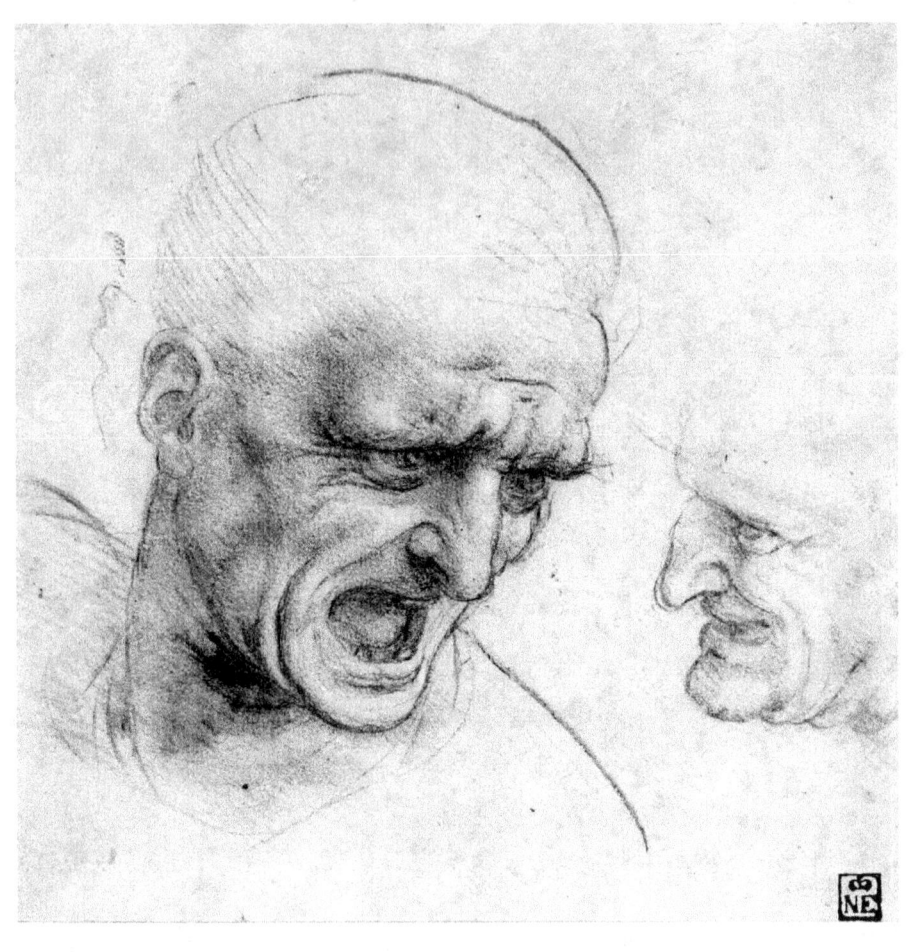

Léonard de Vinci, *Tête d'homme hurlant et profil* (c.1503)

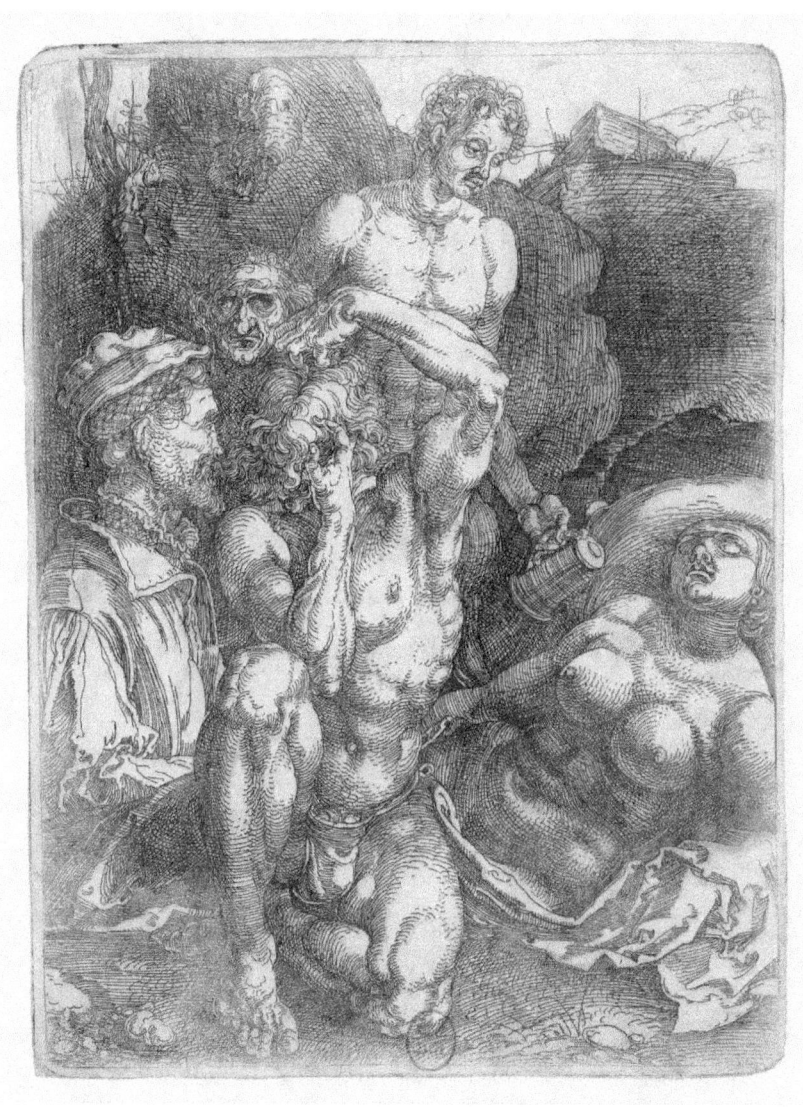

Albrecht Dürer, *Le Désespéré* (1515)

ANDREAE ALCIATI

Inuidia.

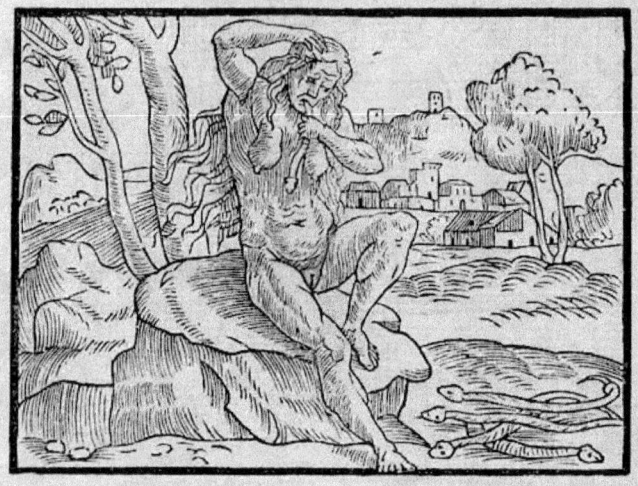

Squallida uipereas manducans fœmina carnes,
Cuiq; dolent oculi, quæq; suum cor edit,
Quam macies, & pallor habent, spinosáq; gestat
Tela manu, talis pingitur inuidia.

Andrea Alciati, *Emblematum libellus*, 1546, Venise

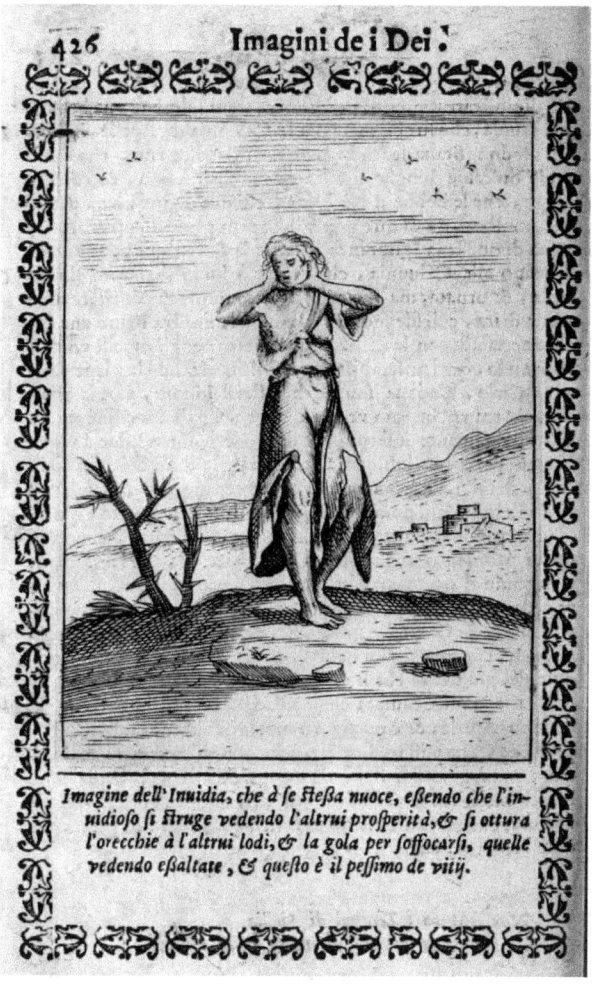

"*Envie*", édition de Padoue, 1608 de Vincenzo Cartari

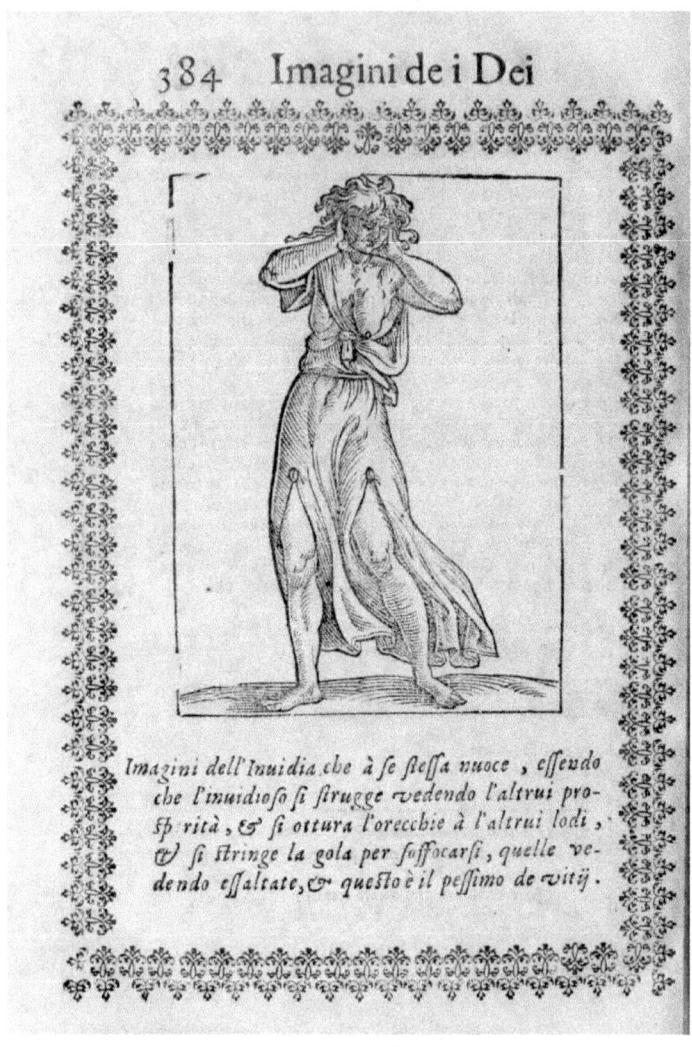

Filippo Ferroverde, "*Envie*", de l'édition de 1624 de Vincenzo Cartari

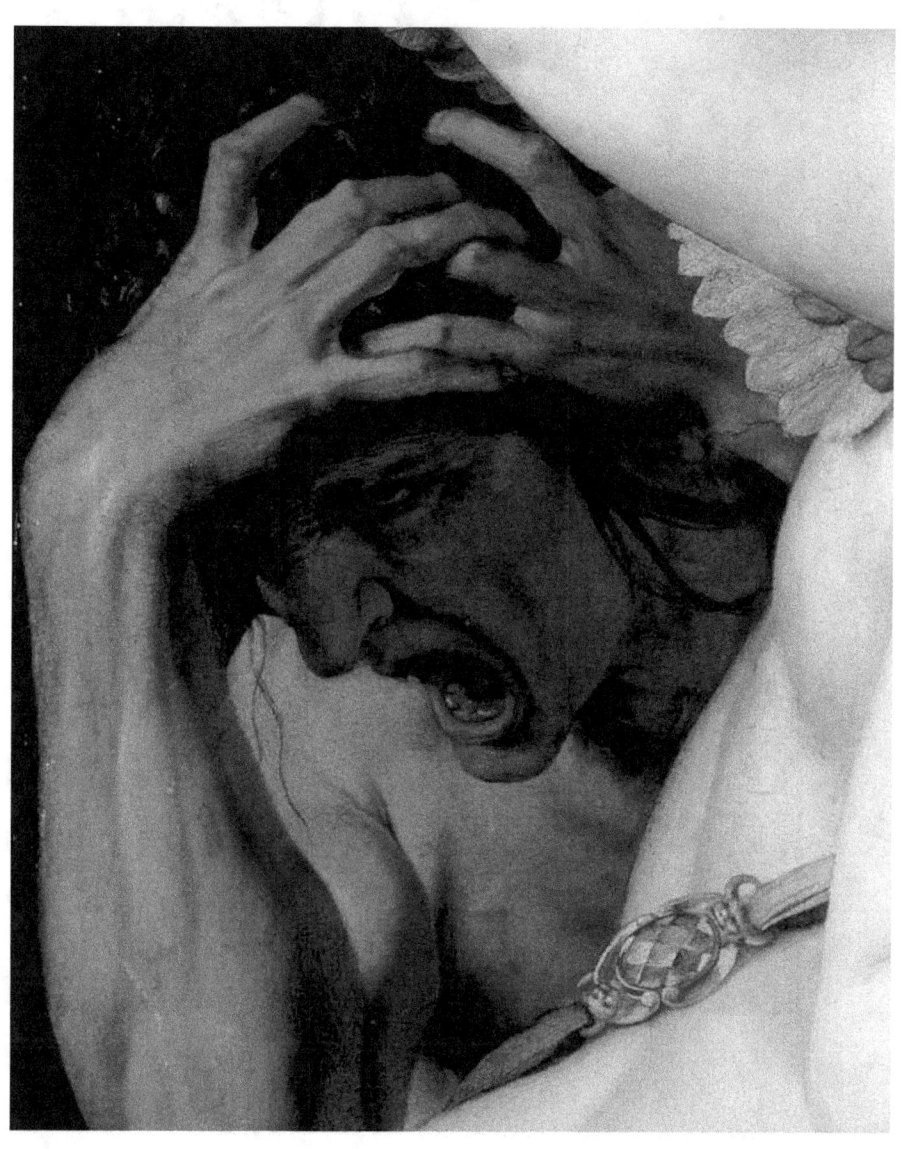

Angelo Bronzino, *Venere, Cupido, la Follia e il Tempo*, détail (1540-1545)

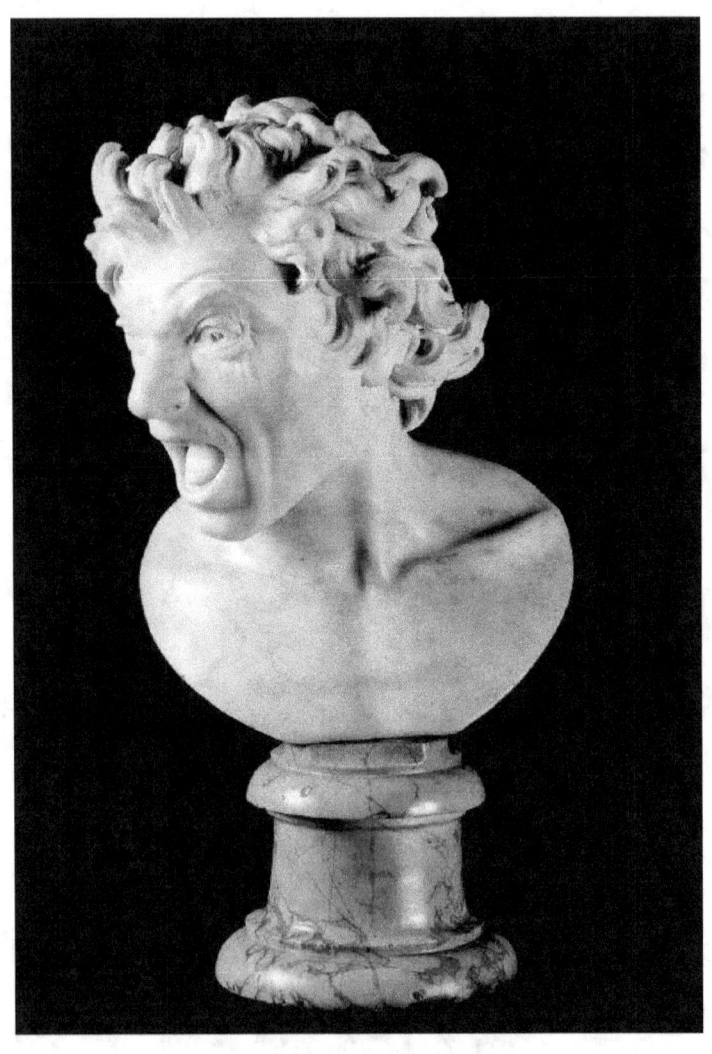

Gian Lorenzo Bernini, *Anima Dannata* (1619)

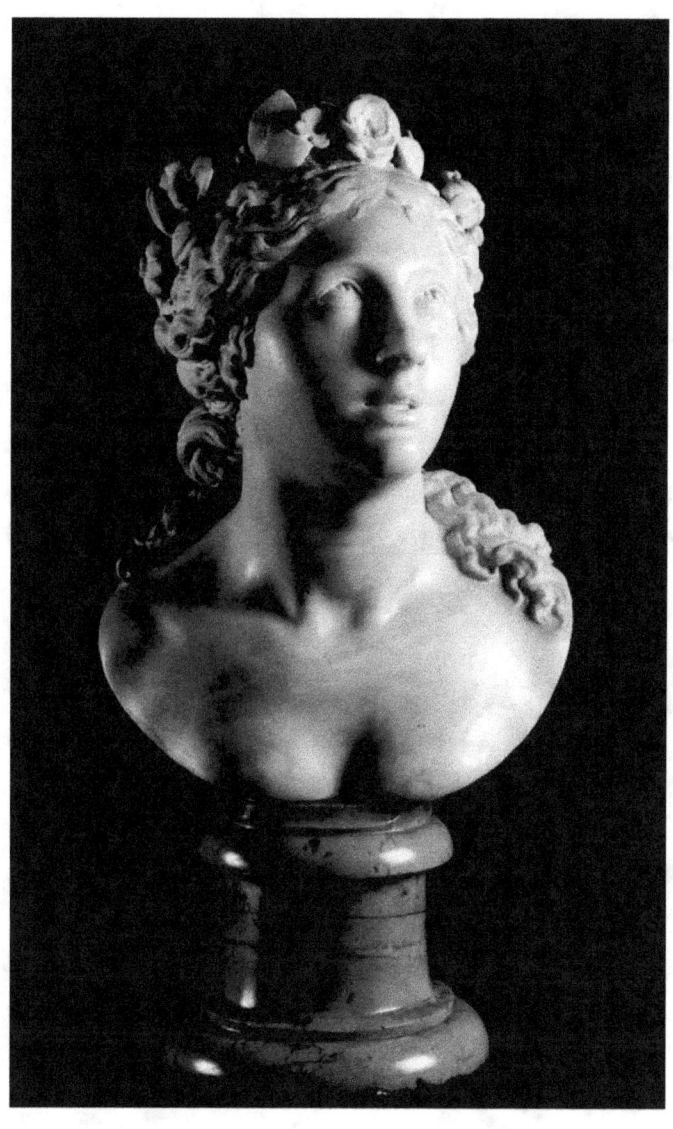

Gian Lorenzo Bernini, *Anima Beata* (1619)

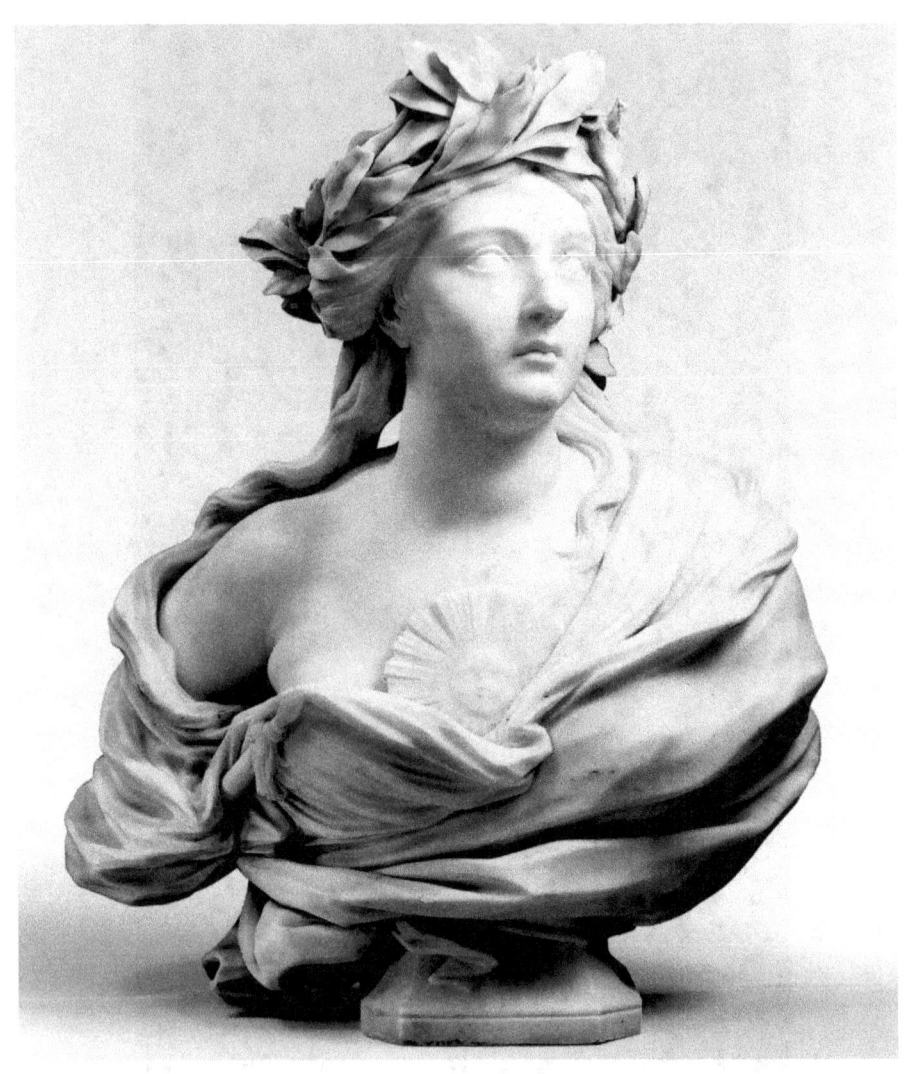

Filippo Parodi, *La Vertu* (1684-1694)

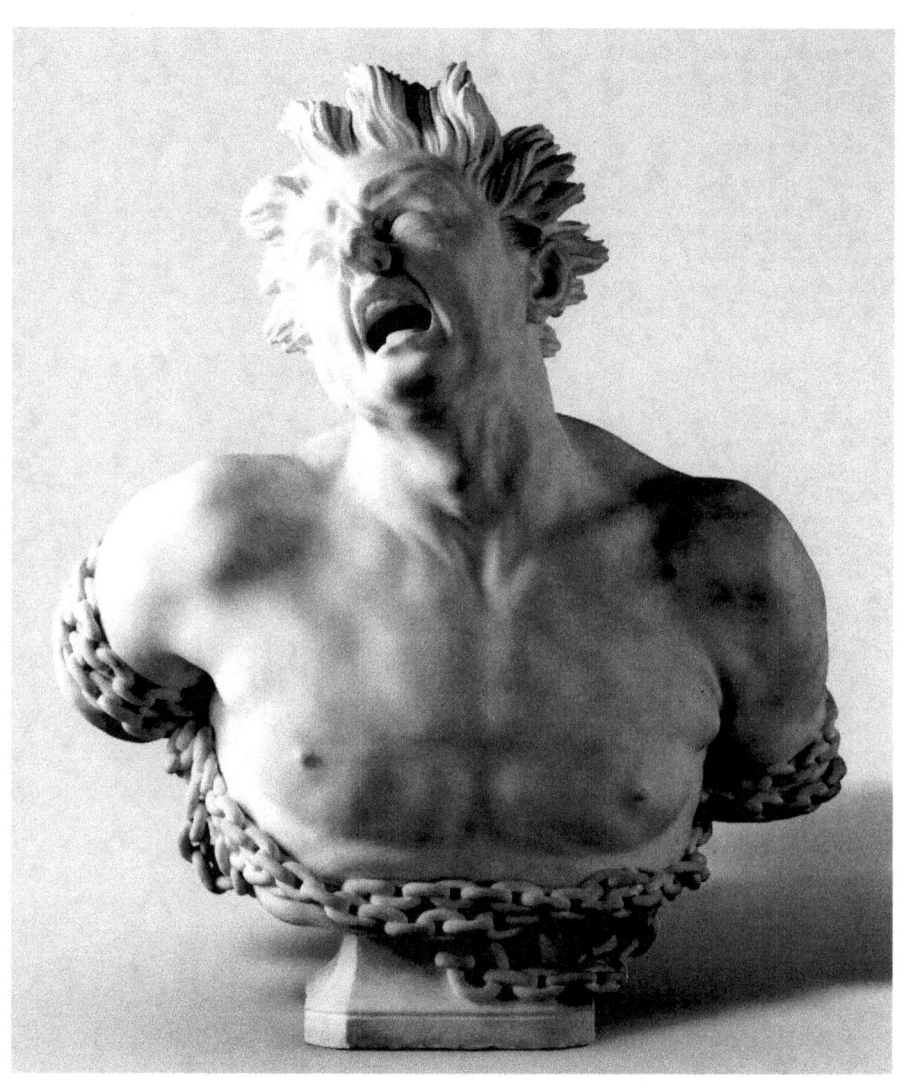

Filippo Parodi, *Le Vice* (1684-1694)

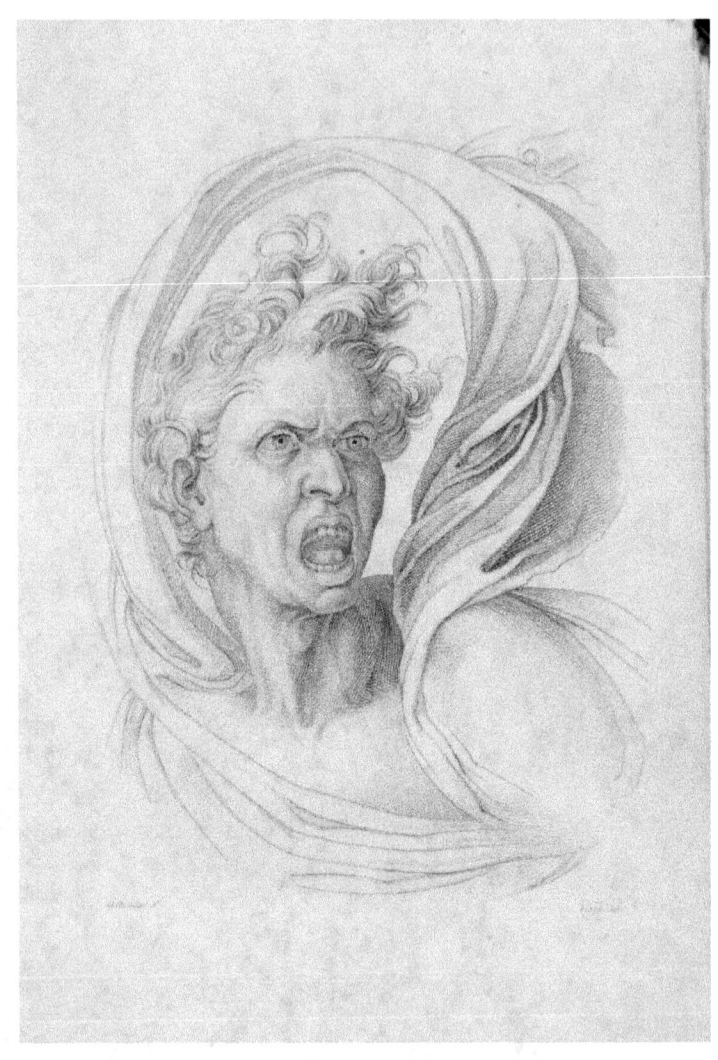

Michel Ange, *Anima Dannata*, 1525

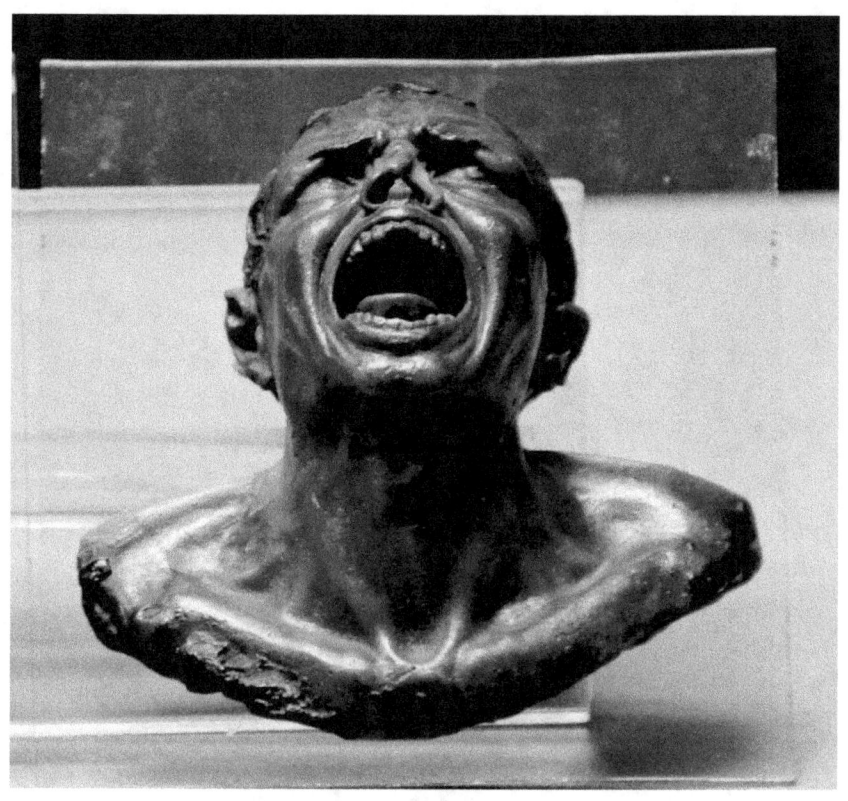

Giovanni Bernardino Azzolino, *Anima Dannata*

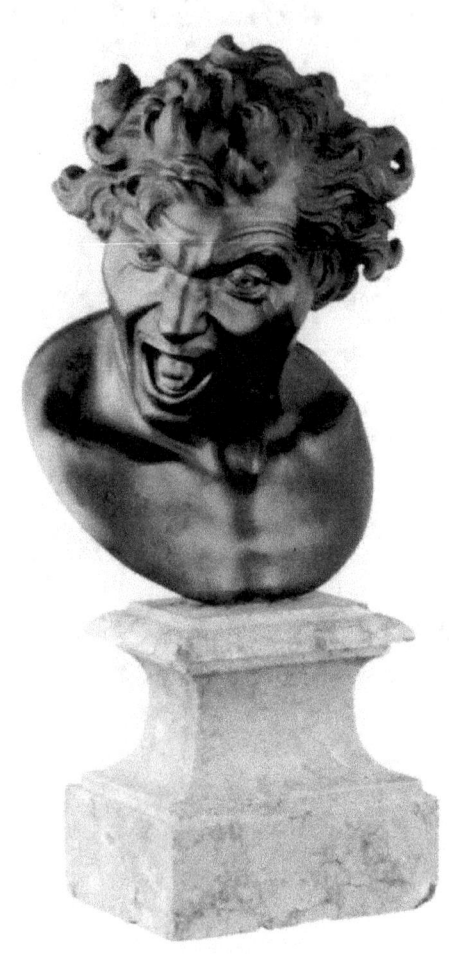

Massimiliano Soldani Benzi, *Anima Dannata* (1705-1707)

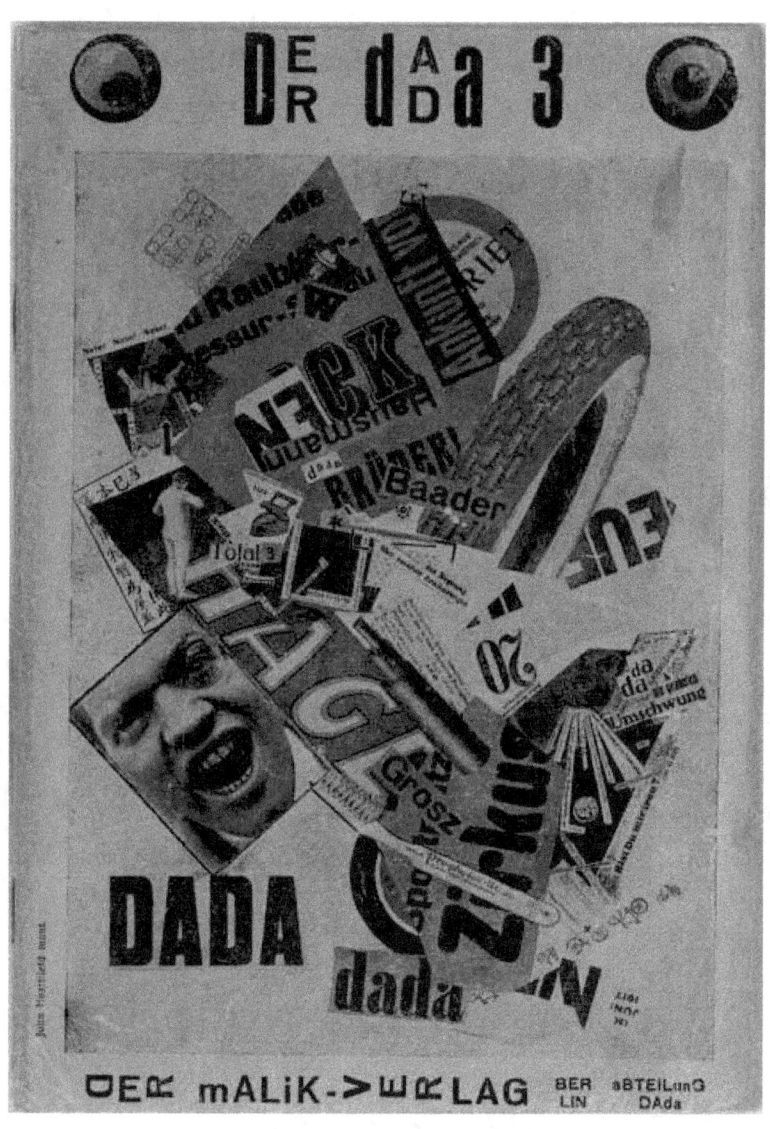

John Heartfield, couverture du N° 3 de la revue *Der Dada*, Avril 1920

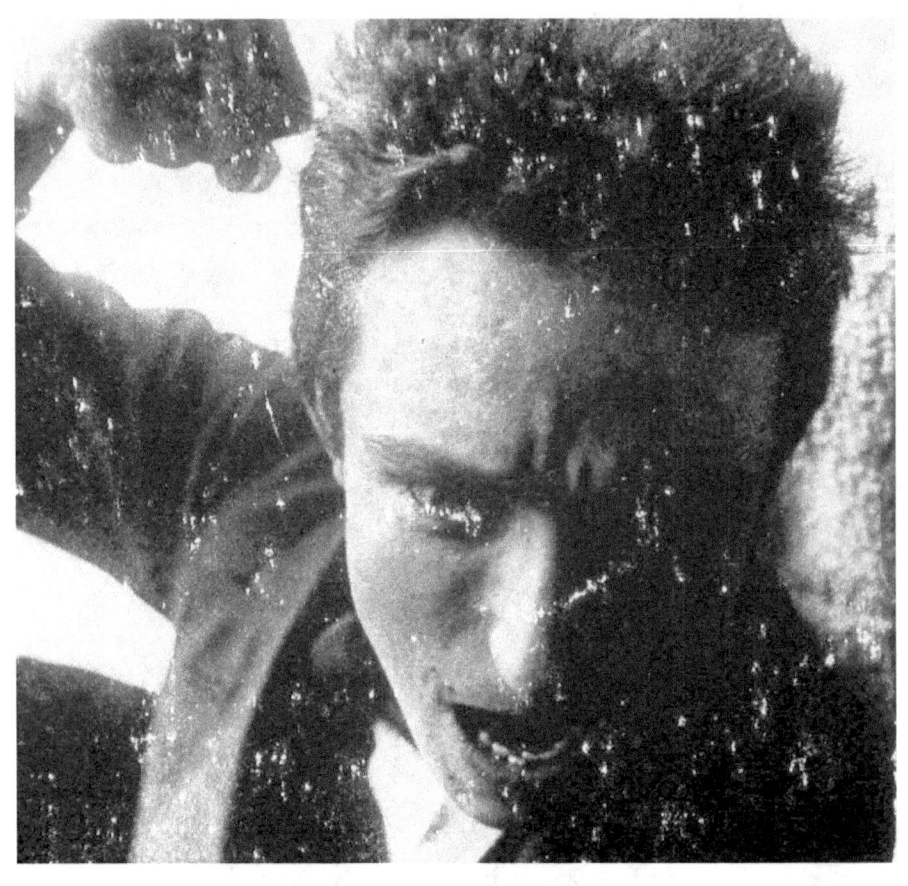

Fortunato Depero, *Autoritratto con pugno*, 1915

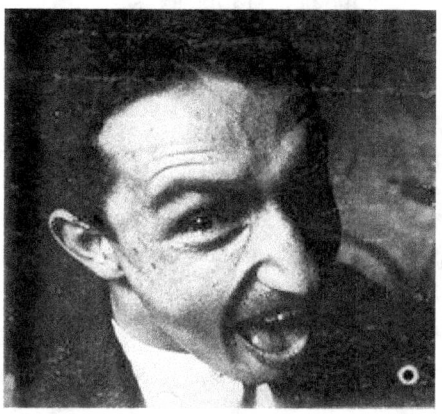

Fortunato Depero, *Autoritratto con smorfia*, 1915

D) *Le Cri* de Munch: son modèle chez Courbet et ses sources chez Watteau et la mise en scène du XIXème siècle

Ainsi, dans l'idéologie du XXème siècle, le cri deviendra représentatif de l'impossibilité de s'exprimer dans la société (le désir objectuel agissant depuis le silence ou l'impossibilité de dire pour Jacques Lacan, *Problèmes cruciaux pour la psychanalyse,* séminaire inédit, leçon du 17 mars 1965, précisément au sujet du *Cri* de Munch, mais aussi pour Freud, *"Proyecto de psicología"*, dans *Obras Completas*, Buenos Aires et Madrid, Amorrortu, 1982, t. I, p. 415), la force primaire du borborygme sauvage (voir aussi les mouvements simiesques de la danse contemporaine pour évoquer la vie de l'homme d'aujourd'hui dans un processus d'identification-dialectisation, voir ainsi de même notre article sur "*Álvaro Gutierrez*", *El Nuevo Diario*, 25/11/2006, p. 10) évoquée par Roland Barthes dans ses essais linguistiques (voir N.B. Barbe, *Roland Barthes et la théorie esthétique,* Bès Éditions, 2001), la décomposition narrative du théâtre de l'absurde, du Nouveau Roman et du néo-structuralisme postmoderne (c'est le cri de Francis Bacon pour Gilles Deleuze, *Francis Bacon - Logique de la sensation*, París, La Différence, 1996). C'est l'autoportrait criant peint sur un sac en plastique de Carlos Barberena de La Rocha (repr. dans *La Prensa Literaria*, 7/6/2008, p. 11), hommage explicite au *Cri* de Munch, mais se bouchant les oreilles, ce qui nous rappelle, sans relation génétique, "... *les silences/ Qui hurlent*" de la chanson "*J'envisage*" (du disque *Play blessures*, 1982) d'Alain Bashung et Serge Gainsbourg. La peinture de Barberena rappelle aussi et a des échos, dans le milieu nicaraguayen, dans les auto-représentations de Marta Leonor González pour les couvertures de sa revue *400 Elefantes* bâillonnée par un foulard rouge. Deux cris se rencontrent aussi dans les adaptations cinématographiques de l'œuvre du maître de l'horreur contemporaine: Stephen King, au début de *Secret Window* (2004, David Koepp), et à la fin de *The Mist* (2007, Frank Darabont).

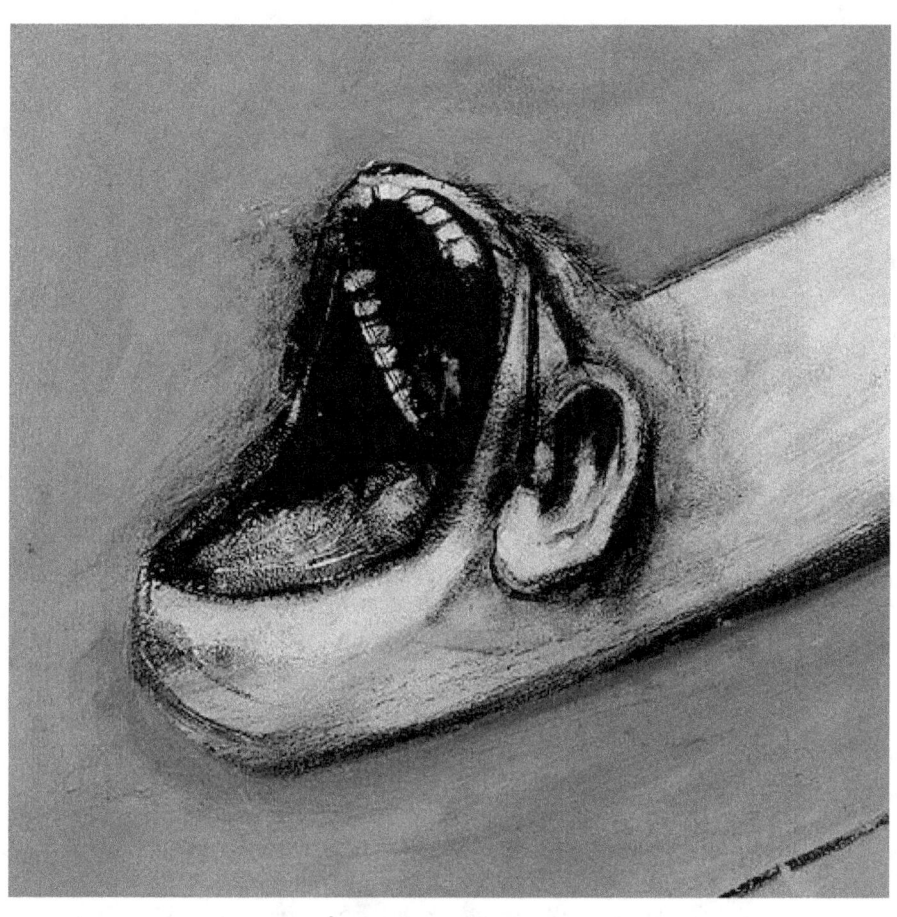

Francis Bacon, Détail de *Trois Études pour des Figures au Pied de la Crucifixion*, 1944, Panneau droit

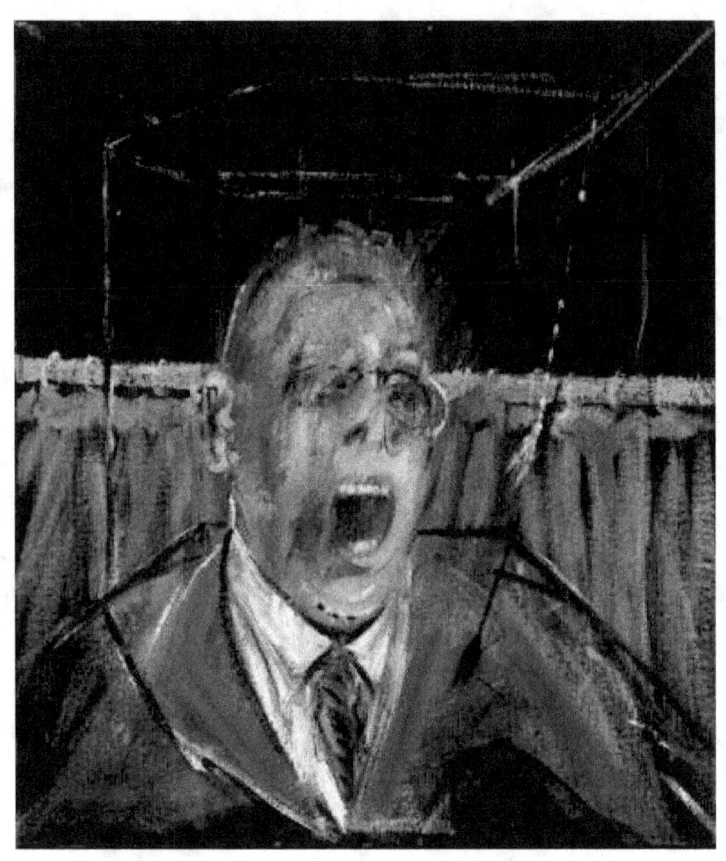

Francis Bacon, *Étude pour un Portrait*, 1952
Première version de *Une Étude pour une bouche criant*, 1957
(Voir pages suivantes)

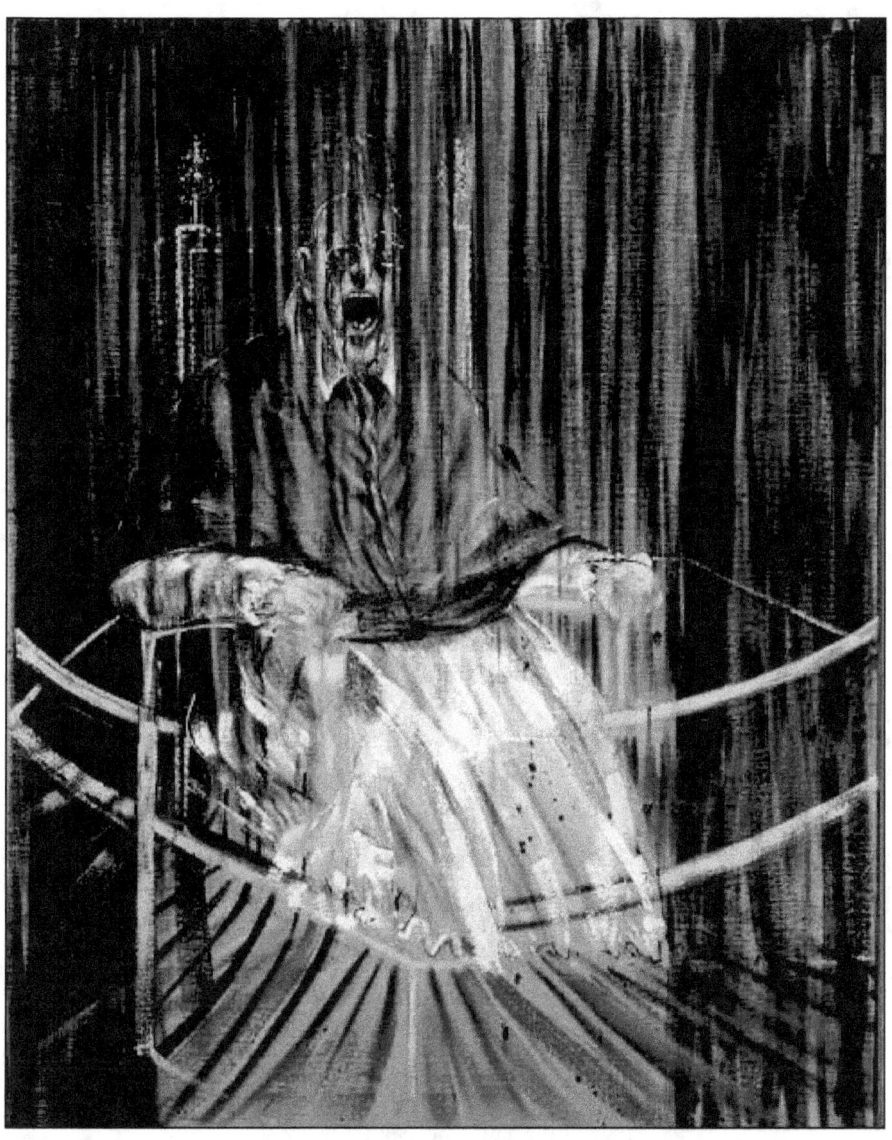

Francis Bacon, *Ètude d'après Le Portrait du Pape Innocent X de Velazquez*, 1953

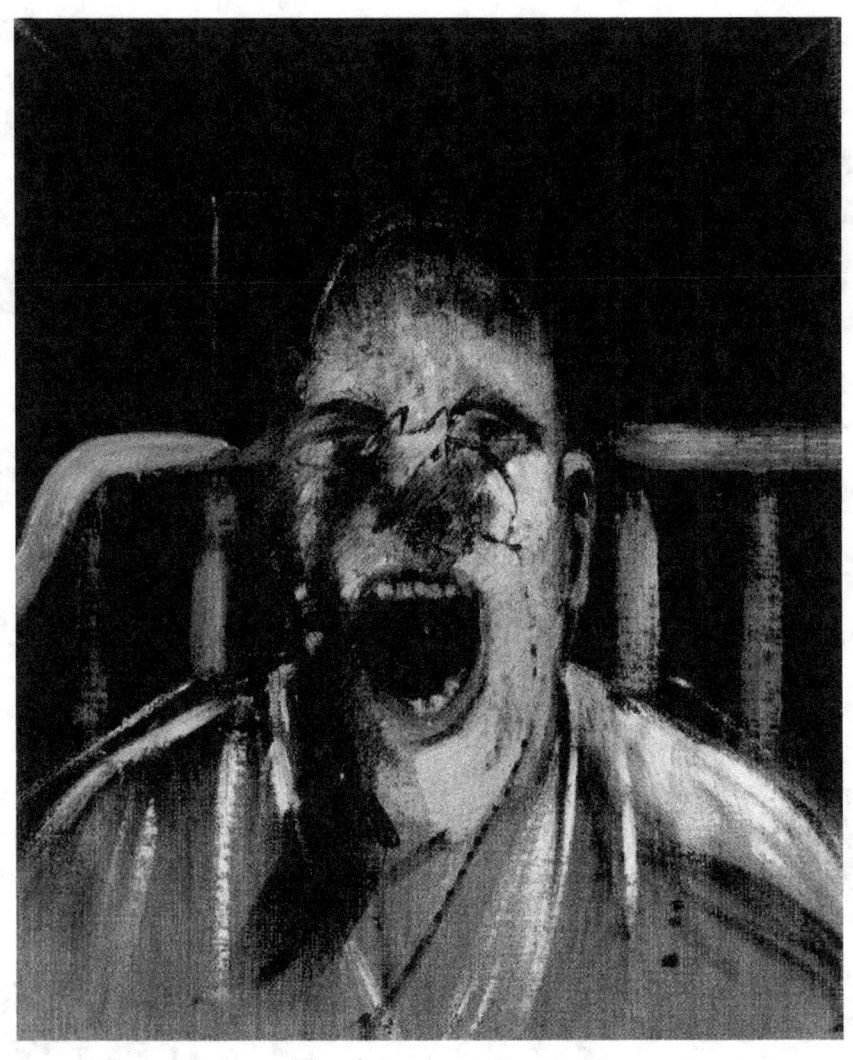

Francis Bacon, *Une Étude pour une bouche criant*, 1957,
D'après la scène de l'infirmière du *Cuirassier Potemkine*, 1925, de Sergei Eisenstein
(voir image reproduite page suivante)

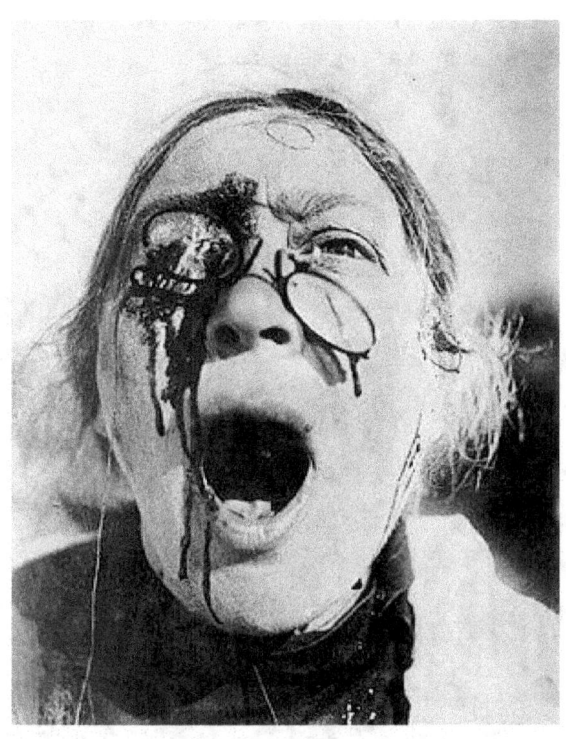

En 1877, Manet peint *Le Suicidé*, qui semble reprendre en substance (présence d'un coffre de chêne, lit bas et plat, très étroit, un chiffon accroché sur un mur, le suicidaire qui a encore l'arme à la main et qui, bouche ouverte, semble, comme plus tard le "*Rêveur*" de Rimbaud, dormir) l'article de Zola ("*Mon Salon - Un Suicide*", *L'Événement,* 19/4/1866) sur un peintre d'origine allemande qui s'était donné la mort.

Ainsi, on peut dire que *Le Cri* de Munch, plus que l'expression individuelle d'obsessions personnelles, est la représentation d'un motif de l'époque (voir en ce sens aussi notre travail sur: "*Una nota de estudio genético acerca de "El Pájaro Azul" de Darío*", comparant la nouvelle de Darío á celle de même titre et contenu: "*L'Oiseau Bleu*" de Daudet, deux récits sur des artistes incompris, malheureux et suicidaires).

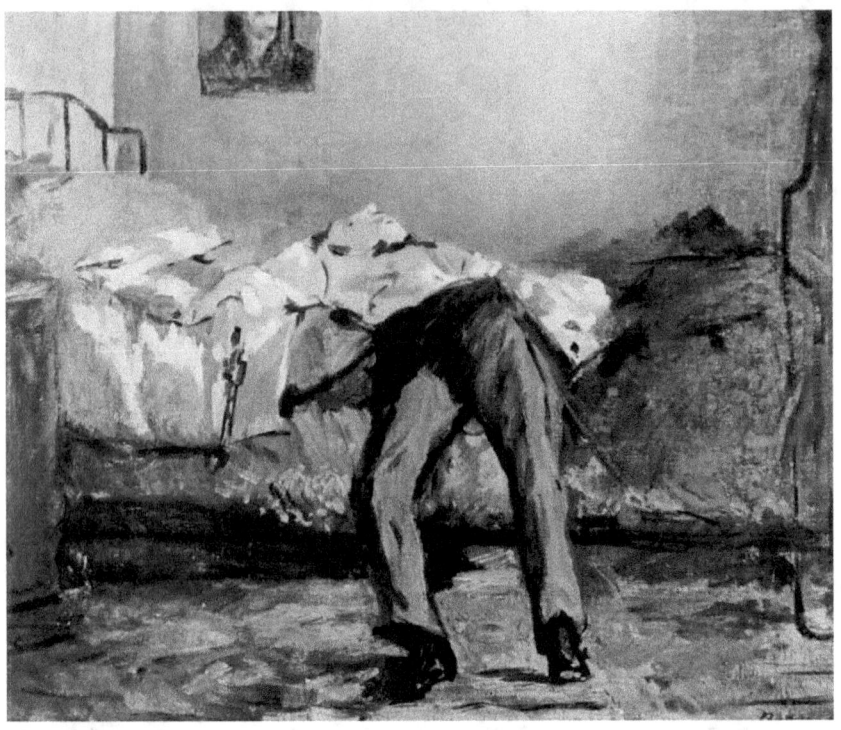

Édouard Manet, *Le Suicidé*, 1877-1881

Si l'on doute de l'antérieur, pour la question de la différence entre les images et les textes, ou de particulier individualisme de si étrange et singulière représentation comme peut l'être la toile de Munch, il sera suffisant, pour terminer de nous convaincre, de citer l'antérieur autoportrait de Courbet (d'ailleurs repris plus tard par Gino Severini dans *Ascoltando la musica*, 1907), où, reprenant le thème et l'iconographie düreriens, il se définit comme *Le Désespéré* (1843-1845), commenté par le Dr. Paul Collin (qui, évidemment, n'évoque pas le lien à l'oeuvre du Maître allemand et à l'origine emblématique de cette iconographie), lequel assista Courbet dans ses derniers moments de vie, à La Tour-de-Peilz, et fit une description rapide de l'intérieur du peintre en y mentionnant: *"un tableau représentant Courbet avec une expression désespérée et qu'il avait intitulé pour cette raison "Désespoir""*.

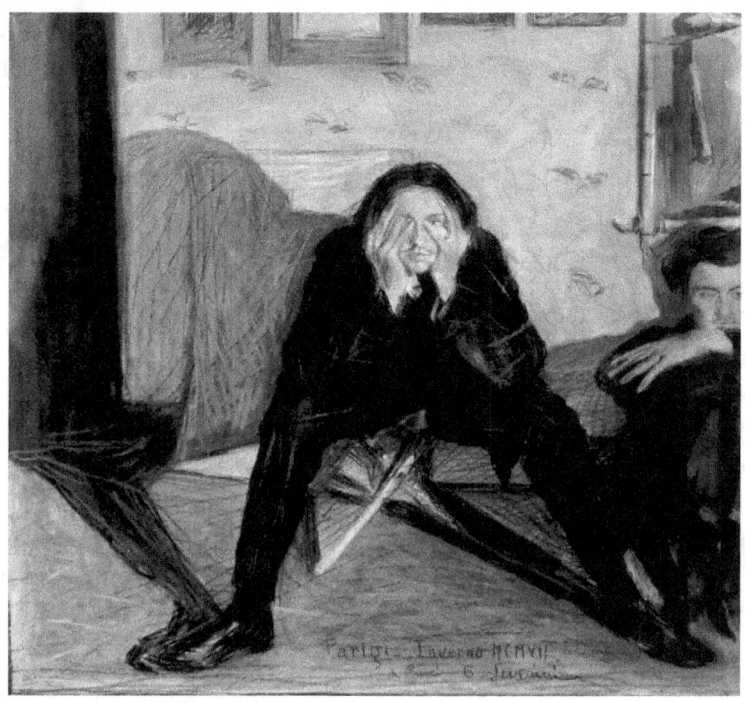

Gino Severini, *Ascoltando la musica*, 1907

Toutefois, dans le cas de Courbet, nous montre l'exposition du Grand Palais de Paris (10/10/2007-28/1/2008) que les *Autoportraits* de jeunesse de Courbet sont autant de manières de jouer avec la représentation de soi-même.

Dans l'*Autoportrait* (1847-1848) au crayon noir conservé au Musée d'Orsay, Courbet s'illustre en artiste quelque peu Renaissance, dans une position qu'il reprendra dans *L'Atelier* (1855). Dans son *Autoportrait* à la pipe de 1849 il assume un rôle rural et provincial, qu'on retrouve aussi bien dans *Autoportrait au chien noir* de 1842, comme dans *Bonjour, Monsieur Courbet* de 1854. Dans *L'Homme blessé* (1844-1854), autre autoportrait, le peintre se représente comme *bandolero* tombé appuyé contre le tronc d'un arbre, avec un "*trou... rouge... au côté*" gauche, préfigurant ainsi "*Le Dormeur du Val*" (1871) de Rimbaud.

Dans *Le Fou de peur ou le désespéré* (1843-1845), l'artiste se représente en un personnage haut en couleurs, voleur à la manière de Gautier ou figure contradictoire de la Commedia dell'Arte. Le portrait est un portrait en pied, avec le corps tombant dans une sorte d'abîme au milieu d'une nature paisible et d'une végétation solaire et méditerranéenne, opposant ainsi Courbet, de façon similaire à ce qui se passe dans *L'Homme blessé*, la situation psychologique et/ou physique du protagoniste à la nature, conformément également à la dialectique romantique vue dans les extraits auparavant cités. Dans *Le fou de peur*, dont le sous-titre deviendra le titre du *Désespéré*, la position des mains autour de la tête est identique, précisément, à celle du *Désespéré*, vu celui-ci, cependant, en "*close-up*".

Ainsi, l'antérieur nous permet de voir que le sens du *Désespéré* n'est pas un signe de désespoir autobiographique. Tout au contraire, la relative fréquence dans les *Autoportraits* de jeunesse de Courbet du thème de l'artiste mort ou désespéré, confirme que ce modèle est, en arts comme en littérature, comme nous l'avons vu avant avec le livre de Diaz, un des recours propres du romantisme.

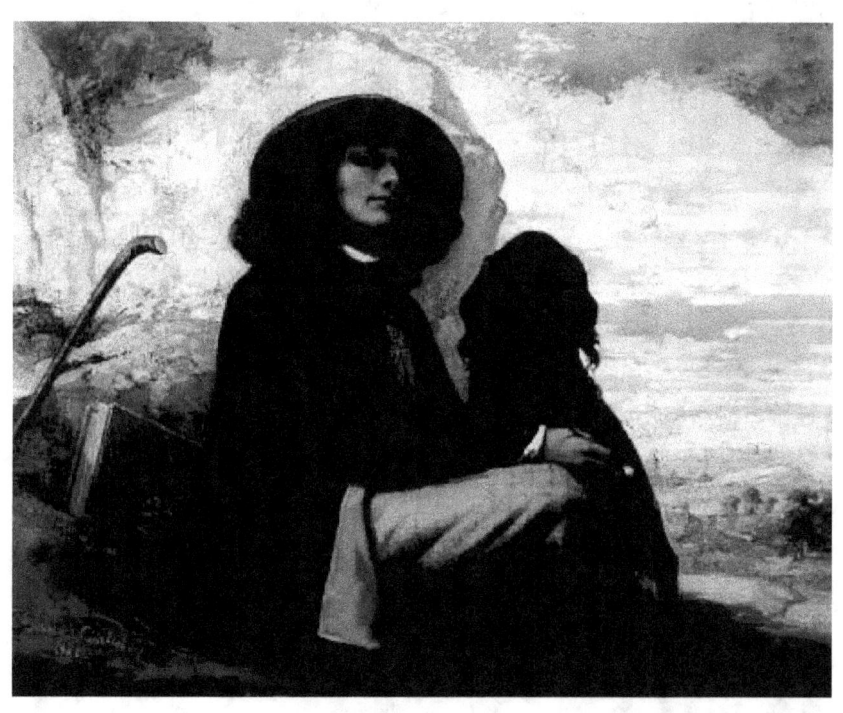

Gustave Courbet, *Autoportrait avec un chien noir*, 1842

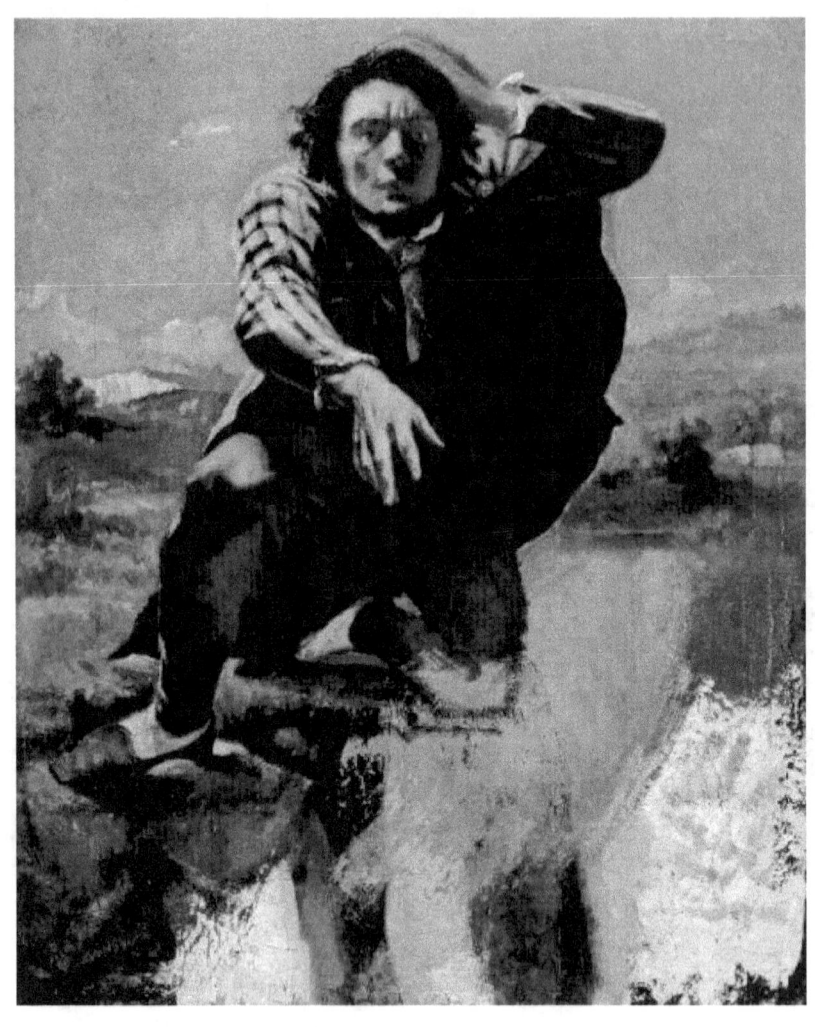

Gustave Courbet, *Le fou de peur ou le désespéré*, 1843-1845

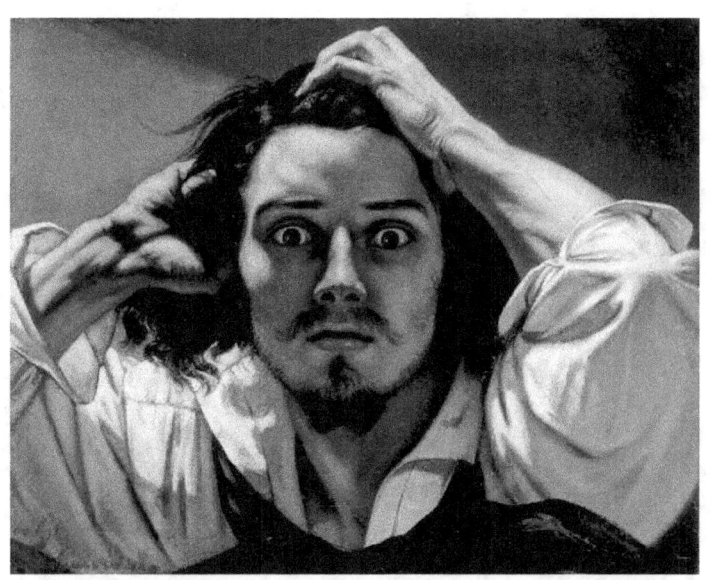

Gustave Courbet, *Le Désespéré*, 1843-1845

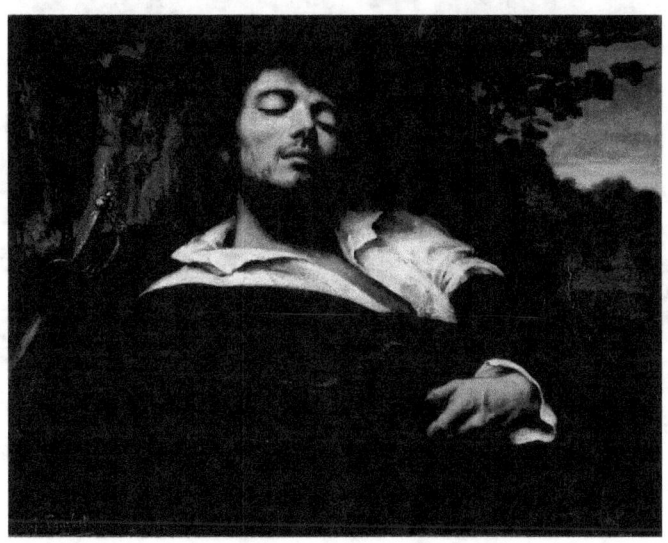

Gustave Courbet, *Homme blessé*, 1844-1854

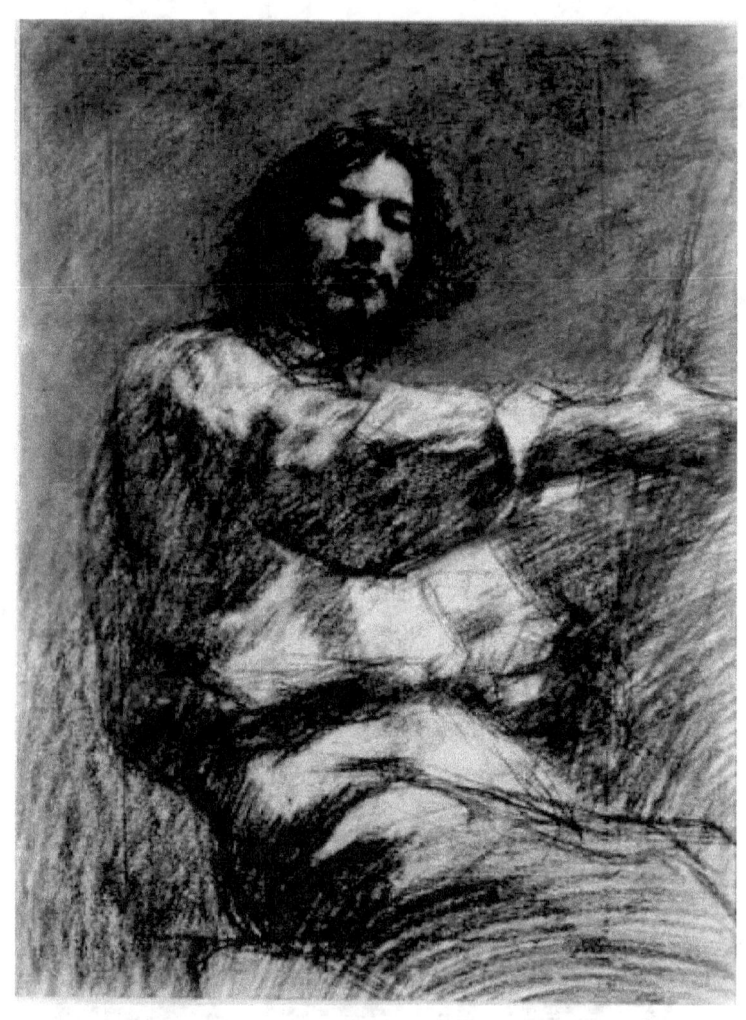

Gustave Courbet, *Autoportrait*, 1847-1848, crayon noir

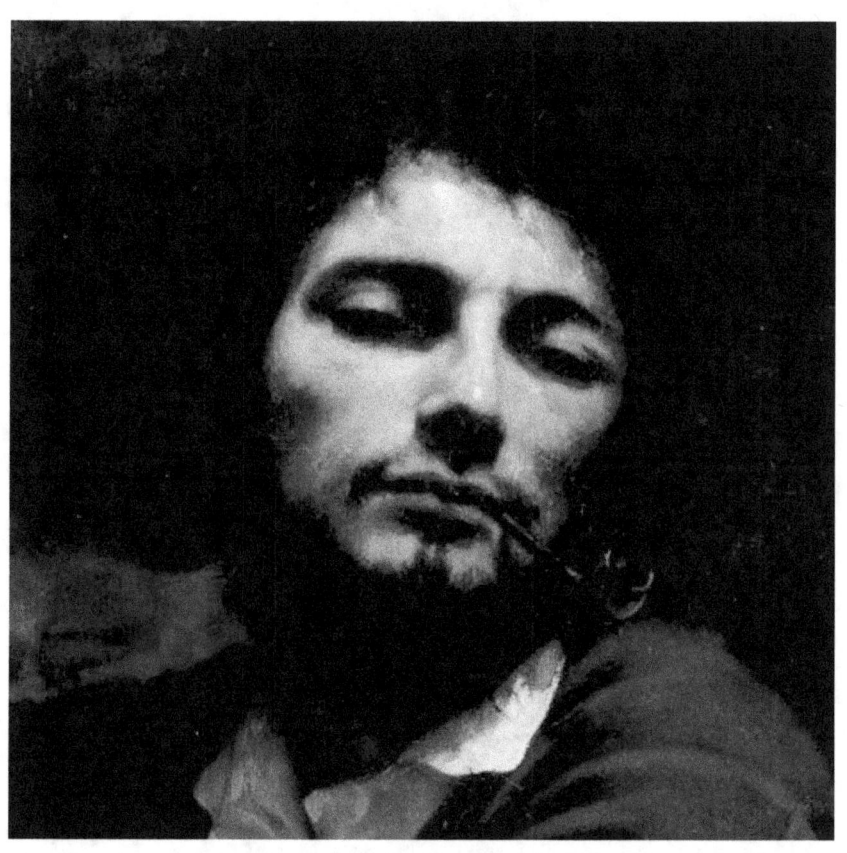

Gustave Courbet, *Le Fumeur de pipe*, 1849

Pareil l'*Autoportrait en noyé* (1840) du photographe Hippolyte Bayard, qu'il envoya à l'Académie pour faire acte des prouesses qui pouvaient se réaliser avec sa technique de "*dessin photogénique*", laquelle avait été ignorée, pour avoir privilégié l'État français le daguerréotype. Nous voyons ici aussi qe le noyé est un thème iconographique, jamais représentation de l'être tragique de l'artiste ou de l'individu, même si il ya sûrement une certaine ironie de la part de Bayard dans son envoi à l'Académie.

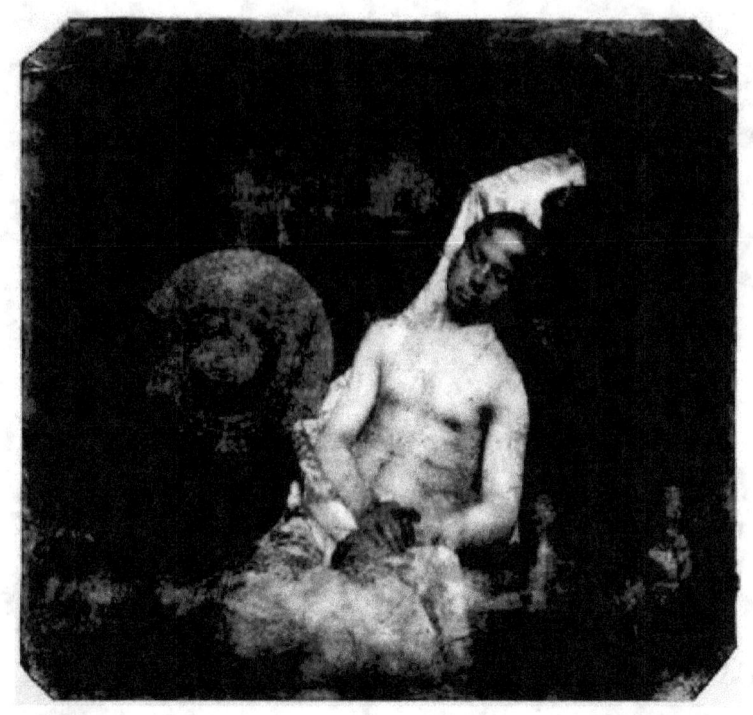

Hyppolite Bayard, *Autoportrait en noyé*, octobre 1840, positif direct

Ainsi, la posture et le regard du peintre, malgré ce que nous venons de dire, qui met en évidence dans l'œuvre de Courbet le processus de distanciation (plus que de profondeur psychologique ou d'impétuosité émotionnelle), d'ironie (plus que de souffrance réelle), deux éléments de l'avant-dernier romantisme selon Diaz, identiquement ou même plus encore que chez Munch, dans le tableau de Courbet nous laisse également impressionné, parce qu'il nous affronte, de fait, à un miroir, une image inversée de nous-mêmes, derrière le masque quotidien. Il nous invite ainsi à nous méfier d'une lecture sentimentale des oeuvres, et à lui préférer une lecture historique, pour parvenir à une meilleure compréhension de celles-ci.

Tout l'antérieur nous le confirme, indirectement, Ursulla Garrigue, dans son article "*Sur la mélancolie en art*" (*Sociétés*, 2004/4, No 86, pp. 79-84), suivant Jean Starobinski (*Portrait de l'artiste en saltimbanque*, Paris, Gallimard, 1970), évoque les nombreux artistes qui, influencés par l'idéologie et le symbolisme du tempérament mélancolique, s'auto-représentèrent en clowns tristes: du *Gilles* (1719) de Watteau aux *Tête*(s) *de clown tragique* de Rouault, l'*Autoportrait* de 1965 de Picasso, *Nuit Bleue* (1914) de Hopper, ainsi comme dans son dernier tableau, également de 1965, les autoportraits de Schiele et son *Prophète* (1911), le *Sans titre* de 1996 de Martin Kippenberger.

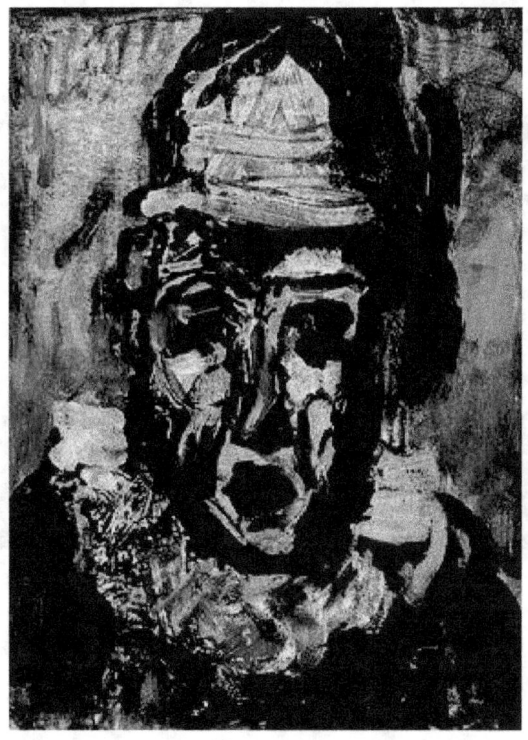

Georges Rouault, *Clown tragique*

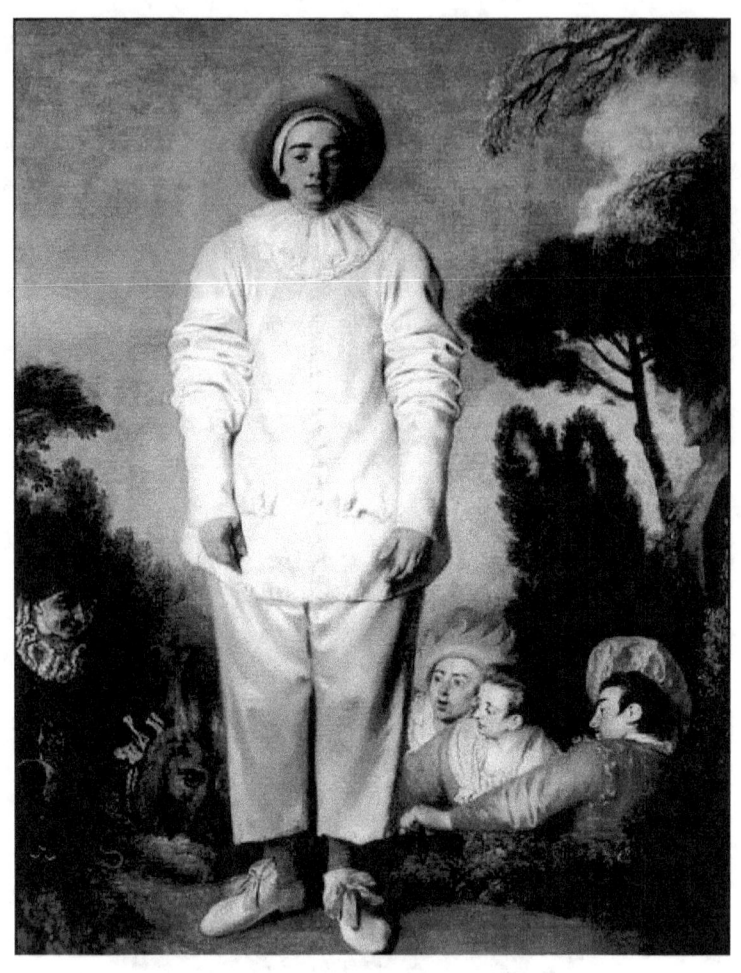

Jean-Antoine Watteau, *Gilles*, 1719

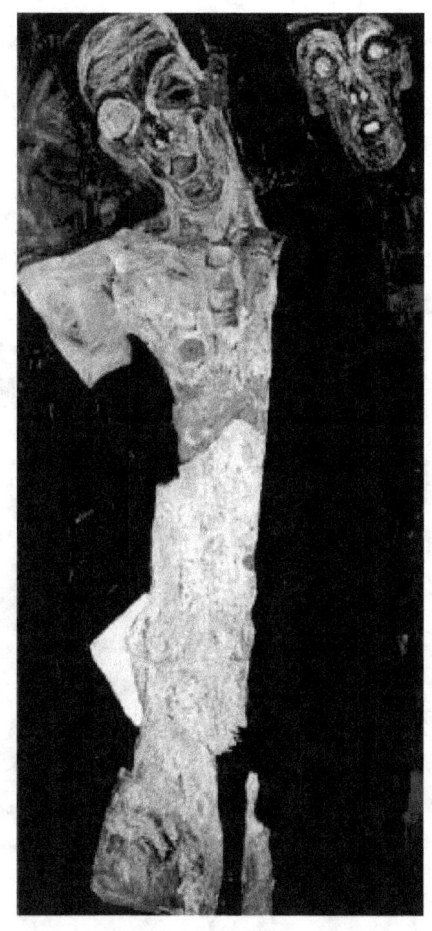

Egon Schiele, *Le Prophète*, 1911

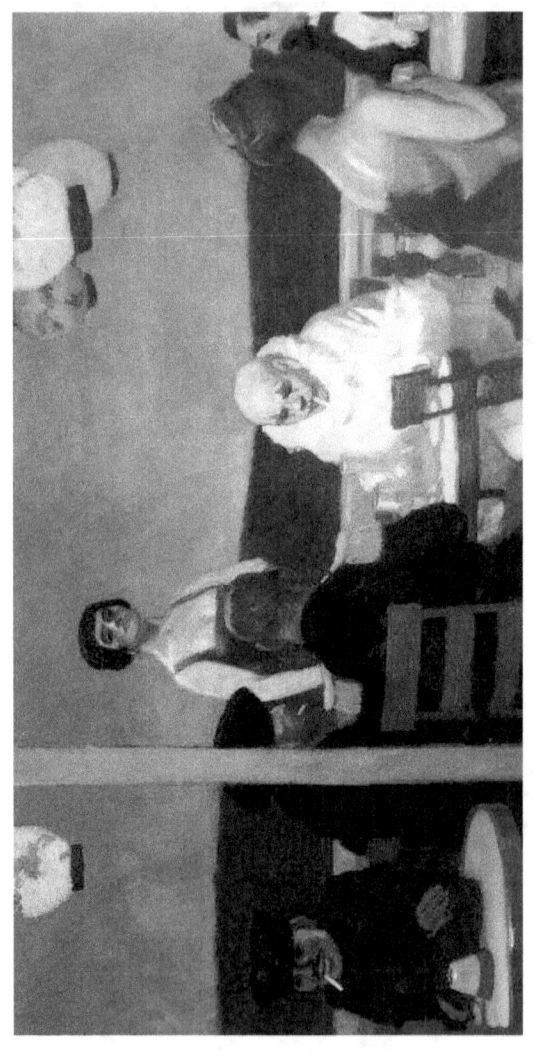

Edward Hopper, *Nuit Bleue*, 1914

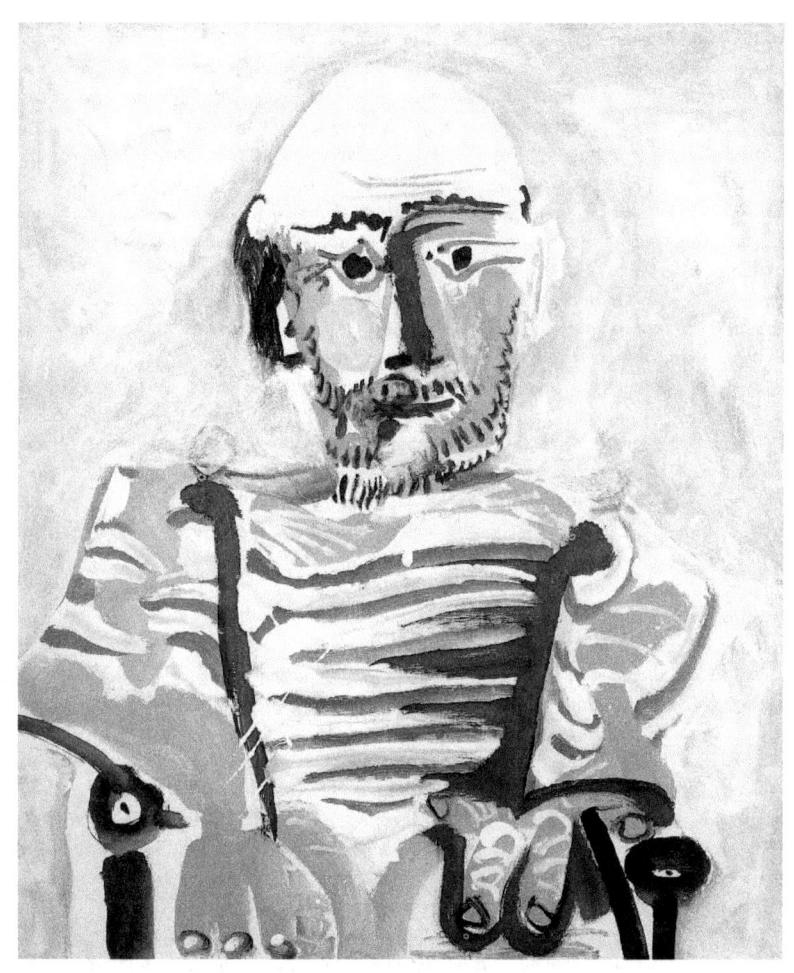

Pablo Picasso, *Autoportrait*, 3-4 avril 1965

"*Mais le XVIIe siècle nous introduit aussi à un autre aspect de la mélancolie: Robert Burton, dans son Anatomy of Melancholy de 1618, constate que la mélancolie est une maladie sociale et se réfère, pour le prouver, à la fameuse histoire de Démocrite et Hippocrate. Le philosophe, qui vivait seul et retiré, passait aux yeux de ses compatriotes d'Abdère pour fou, mélancolique et malade. Ils lui avaient donc envoyé Hippocrate, le père de la médecine, qui leur revient avec ce message surprenant: «Ce n'est pas lui qui est fou, c'est vous, c'est nous, les autres, qui le sommes.»*

Cette nouvelle approche de la mélancolie, révélant des structures maladives dans la société humaine, va, dans le domaine de l'art, faire ressortir une autre iconographie: celle du clown/acrobate, de l'Arlequin. C'est justement au début de l'époque rococo, dont le sujet de prédilection est les fêtes galantes et qui ne véhicule que gaîté et légèreté, que Watteau, avec son Gilles (1719), va inaugurer la longue série des clowns tragiques, qui, en passant par Rouault et Picasso, ira rejoindre Hopper et servira de base à leurs derniers autoportraits.

Sous réserve des éléments autobiographiques (Watteau gravement atteint de tuberculose, Rouault souffrant de «nos âmes égarées», Picasso sentant décliner son génie pictural, Hopper, à la fin malade, lui aussi proche de la mort), il est évident que le clown mélancolique est porteur d'un message universel. Comme le formule Starobinski: «À nous de nous apercevoir qu'il nous représente tous, que nous sommes tous des pitres... Le clown est le révélateur qui porte la condition humaine à l'amère conscience d'elle-même. L'artiste... éveillera le spectateur à la connaissance du rôle pitoyable que chacun de nous joue à son insu dans la comédie du monde.»

Chez Hopper, qui, dans son tableau Soir bleu (1914), se présente comme un bouffon, le clown est aussi isolé des autres que le Gilles de Watteau du public auquel il est censé faire face. Il accentue ainsi la place marginale de l'artiste dans la société. Lorsqu'en 1965, Hopper peint son dernier tableau des deux comédiens prenant congé devant un public imaginaire, il ne fait pas seulement allusion à sa mort proche, mais aussi au fait d'avoir toujours été, comme artiste, isolé, même si la présence à ses côtés de sa femme Jo, elle-même peintre, l'aidait dans cet isolement.

Ce déracinement vis-à-vis de la société et du monde en général apparaît plus évident encore dans Maison au bord de la voie ferrée (1925), maison arrachée à tout contexte, symbole du vide, sans aucune ouverture vers l'intérieur, sans points de repère puisque la base n'est pas visible. Hopper lui-même n'a jamais nié l'influence sur sa peinture du romantique allemand Caspar-David Friedrich qui, comme lui, montre des personnages vus de derrière, énigmatiques, isolés, perdus dans un paysage, certes romantique chez Friedrich, alors qu'il est urbain chez Hopper.

Caspar-David Friedrich a eu de même un grand impact sur Egon Schiele. Quelques tableaux de ce peintre mort à 28 ans nous confrontent à des arbres dénudés, aussi maigres que Schiele lui-même qui renouvelle également dans de nombreux autoportraits l'iconographie traditionnelle de la mélancolie. Et, dans son Prophète, il rejoint cette identification qui remonte à l'Antiquité entre le mélancolique et celui qui a la capacité de savoir, de prévoir. Si tous ces peintres, dans leur solitude d'artiste, prennent sur eux l'image du «fou mélancolique» que leur renvoie la société, James Ensor, pour sa part, se comporte en adepte de la théorie de Burton, quand, dans son Christ entrant dans Bruxelles, il donne à tous les visages de la foule cet aspect clownesque de fous malades de mélancolie.

Que la peinture actuelle n'en a pas fini avec l'iconographie traditionnelle de la mélancolie, c'est ce qu'illustre bien un tableau tout récent de Martin Kippenberger, peintre mort trop jeune, qui figure

parmi les 137 artistes du XXIe siècle commençant retenus par Art Now. Son Sans-titre de 1996 qui est toutefois sous-titré Jacqueline devant les peintures que Pablo ne pouvait plus peindre, nous montre une figure assise, recroquevillée, exprimant le geste même de la mélancolie.
Et, puisque nous avons au début parlé du plomb comme substance associée naturellement à la mélancolie, comment ne pas évoquer Anselm Kiefer qui, dans de multiples oeuvres, intègre le plomb dans sa matérialité, figurant des ailes de plomb, comme pour nous montrer la vanité de nos élans, de nos efforts pour nous élever?" (Guarrigue, pp. 82-84)

L'artiste néo-classique Auguste de Châtillon lui-même, dessinateur des costumes de *Le Roi s'amuse* (1832) de Hugo, si bien dans sa poésie se lâcha à des expressions populaires comme dans son célèbre poème "*La levrette en paletot*", est aussi l'auteur aussi bien d'un poème comme "*Le Fou*", comme d'une oeuvre représentant un *Homme masqué au capuchon*, de loup effrayant, la bouche entr'ouverte, riant presque, c'est-à-dire, encore une fois, que le XIXème siècle est enclin à nous offrir des images *a priori* vécues, mais au fond propre du style de l'époque, en tant que pur jeu formel, de figures de l'opprobre et de l'aliénation.

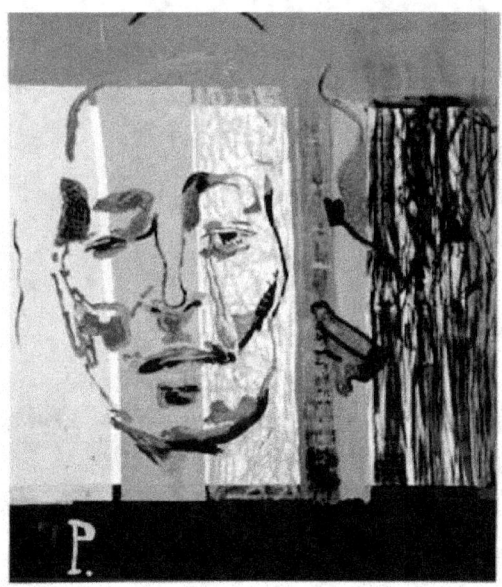

Martin Kippenberger, *Sans titre*, planche de la série *Jacqueline*, 1996

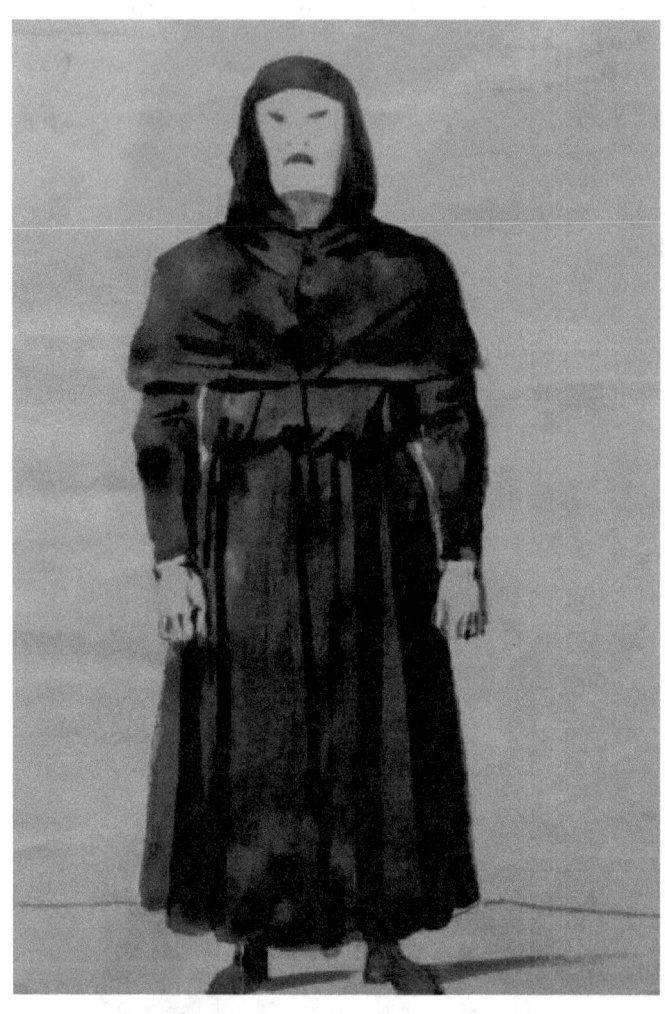

Auguste de Châtillon, *L'Homme masqué au capuchon*, dessin
Maquette de costume pour *Angelo, le tyran de Padoue*

E) Le cri muet, un thème premier du discours esthétique de la fin du XVIIIème siècle

De fait, un autre élément d'historiographie de l'art doit retenir notre attention, quant aux représentations de Courbet et de Munch: c'est que l'histoire l'art naît avec le *Du Laocoon ou Des limites respectives de la poésie et de la peinture* (1766) de Lessing, dans lequel, dédié à l'étude de la sculpture grecque, Lessing affirme que l'art peut seulement exprimer un cri muet, idée partagée par Schopenhauer (*Philosophie der Kunst*).

"A supposer que les ouvrages d'Homère fussent entièrement perdus, et qu'il ne nous restât de l'Iliade et de l'Odyssée qu'une suite de tableaux tels que Caylus le propose; à supposer encore que ces tableaux fussent de la main du plus excellent artiste, pourrions-nous, même dans ce dernier cas, nous former, d'après cette collection, la même idée que nous avons aujourd'hui, je ne dis pas de tout le génie du poète, mais simplement de son talent pittoresque?
Qu'on en fasse l'essai sur le premier sujet qu'on voudra choisir. Prenons le tableau de la peste. Que nous offre ici la toile du peintre? des cadavres, des bûchers allumés, des mourans qui s'occupent des morts; Apollon irrité, assis sur un nuage d'où il décoche ses traits. Ce qui fait la richesse de ce tableau, est indigence chez le poète. Car, que ferait-on dire à Homère, s'il falloit le rétablir d'après ce même tableau? "La colère d'Apollon s'enflamma; il décocha ses flèches contre l'armée des Grecs; ils moururent en grand nombre, et leurs cadavres furent brûlés".
Lisons maintenant Homère lui-même:
βῆ δὲ κατ᾽ Οὐλύμποιο καρήνων χωόμενος κῆρ,
τόξ᾽ ὤμοισιν ἔχων ἀμφηρεφέα τε φαρέτρην·
ἔκλαγξαν δ᾽ ἄρ᾽ ὀϊστοὶ ἐπ᾽ ὤμων χωομένοιο,
αὐτοῦ κινηθέντος· ὃ δ᾽ ἤϊε νυκτὶ ἐοικώς.
ἕζετ᾽ ἔπειτ᾽ ἀπάνευθε νεῶν, μετὰ δ᾽ ἰὸν ἕηκε·
δεινὴ δὲ κλαγγὴ γένετ᾽ ἀργυρέοιο βιοῖο·
οὐρῆας μὲν πρῶτον ἐπῴχετο καὶ κύνας ἀργούς,
αὐτὰρ ἔπειτ᾽ αὐτοῖσι βέλος ἐχεπευκὲς ἐφιεὶς
βάλλ᾽· αἰεὶ δὲ πυραὶ νεκύων καίοντο θαμειαί.
Autant le tableau est au-dessous de la nature vivante, autant le peintre est ici au-dessous du poète. Apollon irrité descend des sommets de l'Olympe, armé de son arc et de son carquois: je ne le vois pas seulement descendre, je l'entends. À chaque pas du Dieu courroucé, ses flèches résonnent sur ses épaules. Il s'avance pareil à la nuit. Déjà je le vois assis en face de la flotte grecque. Il décoche un trait; l'arc argenté rend un son terrible. Les mulets et les chiens sont frappés. Bientôt il lance contre les hommes une flèche plus empoisonnée, et la flamme des bûchers qui consument les cadavres, s'élève sans cesse vers les cieux.
Il est impossible de faire passser dans une autre langue cette harmonie pittoresque, dont le poète nous charme dans ses vers. Il est également impossible de la soupçonner dans le tableau matériel; et ce n'est pourtant que le moindre avantage du tableau poétique sur celui-ci. Le principal avantage du poète, c'est qu'avant de nous montrer le dernier tableau que le peintre lui emprunte, il nous fait passer par une galerie de tableaux.

Mais peut-être la peste n'est-elle pas un sujet assez favorable à la peinture? En voici un autre qui a plus de charmes pour l'oeil: les dieux tenant conseil à table. Un palais d'or, ouvert devant nous; des groupes que le peintre peut disposer à sa fantaisie, qu'il peut composer des figures les plus belles et les plus imposantes; Hébé, la jeunesse éternelle, faisant circuler le nectar: quelle architecture! quelles masses d'ombre et de jour! Quels contraste! quelle variété dans l'expression! Où commencerais-je, où finirais-je de repaître mes yeux? Si le peintre m'enchante à ce point, que ne fera le poète? J'ouvre son poème, et je vois... que je me trompois. Je trouve quatre vers tout simples, tout unis, qu'on pourroit écrire au bas d'un tableau, qui renferment le sujet d'un tableau, mais qui n'en sont point un par eux-mêmes:

οἵ δέ θεοί πάρ Ζηνί καθήμενοι ἠγορόωντο
χρυσέῳ ἐν δαπέδῳ, μετὰ δέ σφισι πότνια Ἥβη
νέκταρ ἐοινοχόει· τοὶ δέ χρυσέοις δεπάεσσι
δειδέχατ' ἀλλήλους, Τρώων πόλιν εἰσορόωντες·

Un Apollonius, un poète encore plus médiocre auroient dit cela tout aussi bien; et Homère est ici autant au-dessous du peintre, que nous avions vu, dans l'autre sujet, le peintre rester au-dessous de lui.

Ajoutons que Caylus ne trouve, dans tout le quatrième livre de l'Iliade, que le seul tableau présenté dans ces quatre lignes. Ce livre, dit-il, ne peut être d'aucun usage pour la peinture, quoiqu'il se distingue si avantageusement par la variété des encouragemens au combat, par la fécondité, le brillant, le contraste des caractères, par l'art dont le poète s'est servi pour rendre visible la multitude qu'il fait mouvoir. Le Comte pouvoit ajouter: Et malgré sa richesse en tableaux poétiques, dans le véritable sens de ce mot. Et certes, ce quatrième livre en contient d'aussi fréquents et d'aussi parfaits qu'aucun autre. Celui de Pandarus, lorsqu'à l'instigation de Minerve, il fait rompre la trêve, en décochant une flèche contre Ménélas; la marche de l'armée grecque, l'attaque simultanée des Grecs et des Troyens, l'action d'Ulysse, lorsqu'il venge la mort de son frère Leucus: voilà des tableaux que rien ne surpasse pour l'illusion et pour le fini.

Que conclure de tout cela, sinon que plusieurs des plus beaux tableaux d'Homère n'en fournissent point à l'artiste, et que l'artiste peut en trouver là où Homère n'en a point mis? Que ceux même des tableaux d'Homère dont l'artiste peut profiter, seroient pitoyables chez le poète, s'il nous y montroit seulement ce que l'artiste nous en fait voir? Qu'en conclure enfin, sinon que la question qui commence ce paragraphe doit être résolue par la négative? que les tableaux matériels dont les poèmes d'Homère donnent le sujet, quelque nombreux, quelque parfaits qu'ils pussent être, ne sauroient jamais nous fournir la moindre conclusion sur le talent pittoresque du poète." (Du Laocoon, XIII, trad. Charles Vanderbourg, Paris, Chez Antoine-Augustin Renouard, An X-1802, pp. 113-118)

L'idée n'est certainement pas que Courbet (dont *Le Désespéré* reprend visuellement celui de Dürer, dont on retrouve le modèle repris assez explicitement dans l'*Envie* de Filippo Ferroverde, pour l'édition de 1624 de Cartari) ou Munch aient essayé de représenter ce cri muet, ou peut-être, mieux encore, de donner une voix à ce cri, sinon qu'aussi bien les artistes plastiques comme les écrivains du XIXème siècle se virent confrontés à l'idéologie du cri comme engagement, opposition à la force sociale, depuis les entrailles même de l'être individuel, lequel, dès lors, changera son signifié, non plus image négative de la pulsion de Vice (l'Envie), telle que la codifiait les livres d'Emblèmes et l'iconographie de la Renaissance, mais comme allégorie personnelle de l'intériorité des passions et *die Geist*.

Il est intéressant de noter que, dans le cinéma contemporain, en particulier d'horreur (*Dead Silence*, 2007, de Leigh Whannell et James Wan) le cri et le silence, s'opposant, s'associent pour créer le contexte, non seulement de l'ambiance de peur que nous voulons sentir en entrant en salle (voir le cri muet du buste que façonne l'une des héroïnes, avant que les mâchoires de la figure d'argile ne tombent, laissant seulement voir la cavité ouverte de la mort et de la voix perdue, au début de *Creasy Eights*, 2006, de James K. Jones), mais du champ de la norme et de la folie (le silence du dément à l'affût s'opposant aux conversations des personnes, ses futures victimes, en situation commune, et aux cris de ceux-ci une fois qu'elles se trouvent sous le joug de souffrances indicibles, seulement montrables et palpables par contemplation, en cela similaire à celui de Laocoon tel que Lessing nous le décrit).

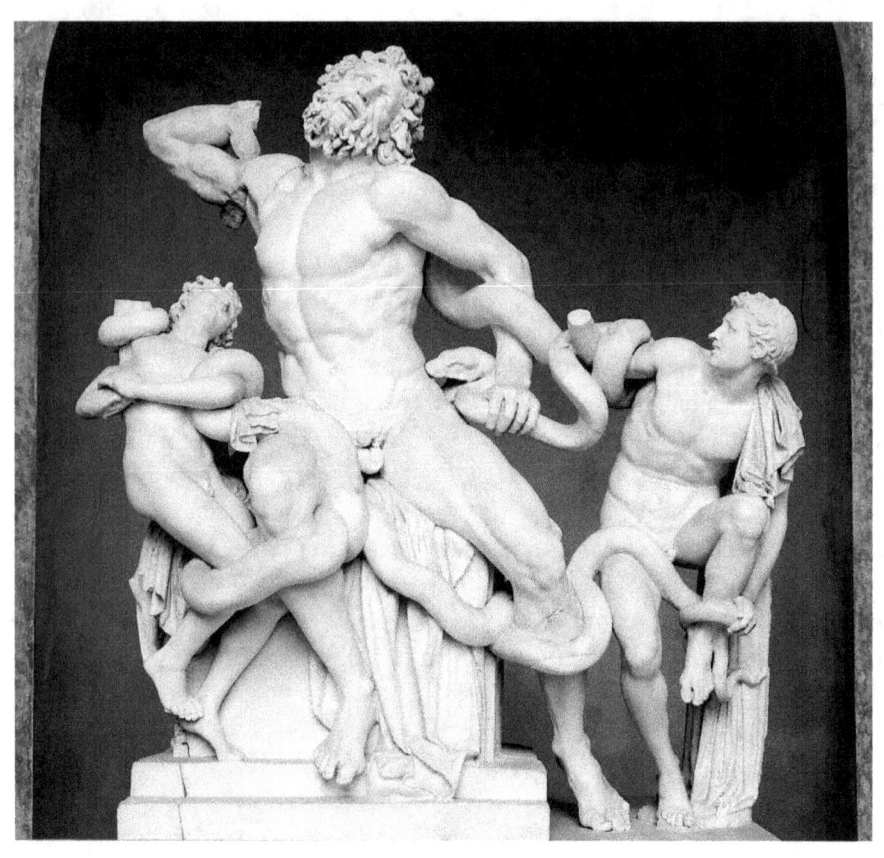

Laocoon et ses fils, Musées du Vatican

LES QUATRE AUTRES VERSIONS DU *CRI*

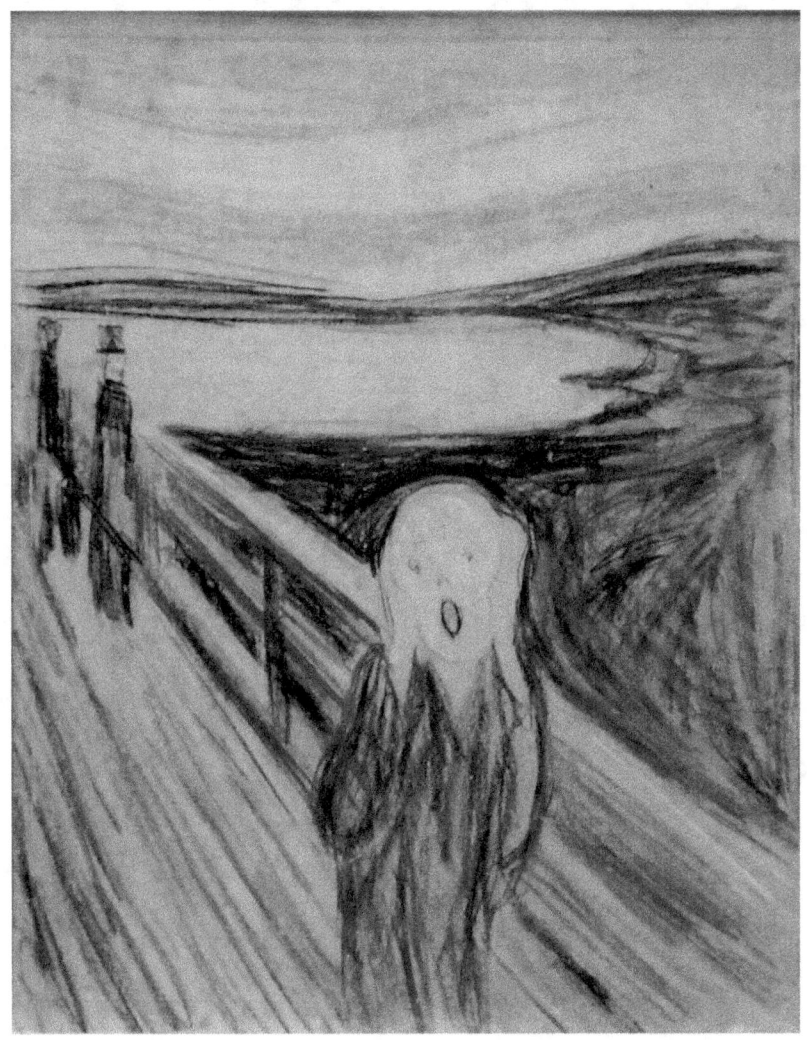

Crayon, National Gallery d'Oslo, 1893

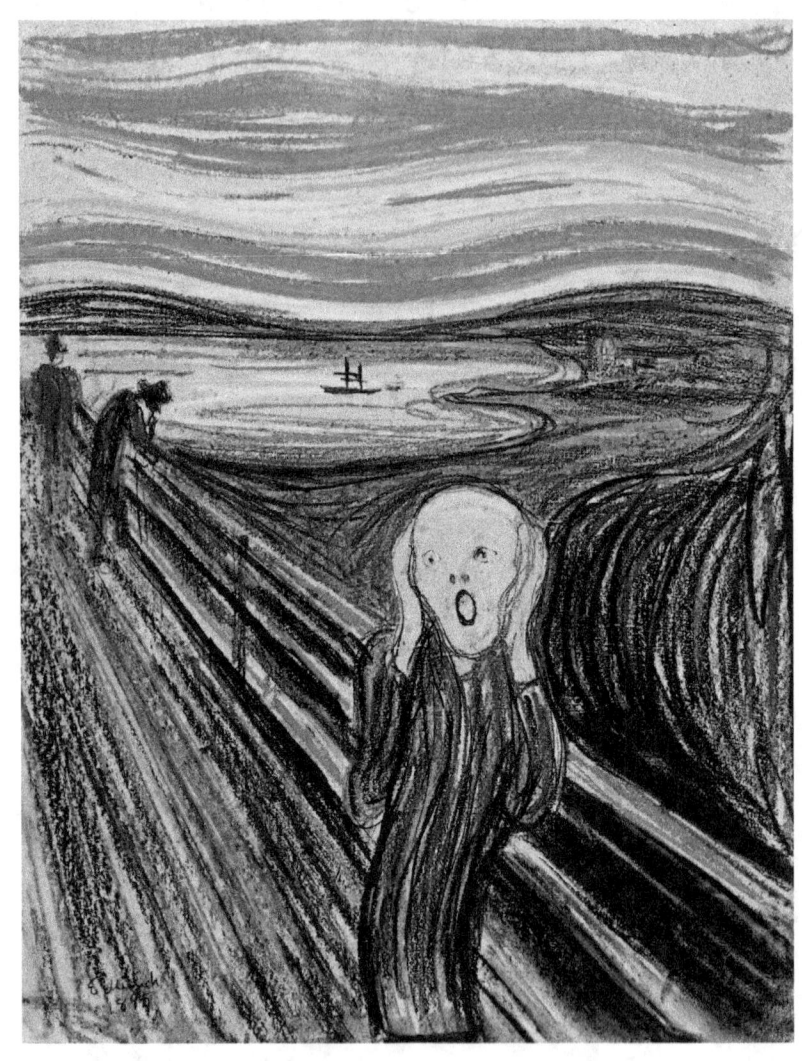

Pastel sur carton, Sotheby's, 1895

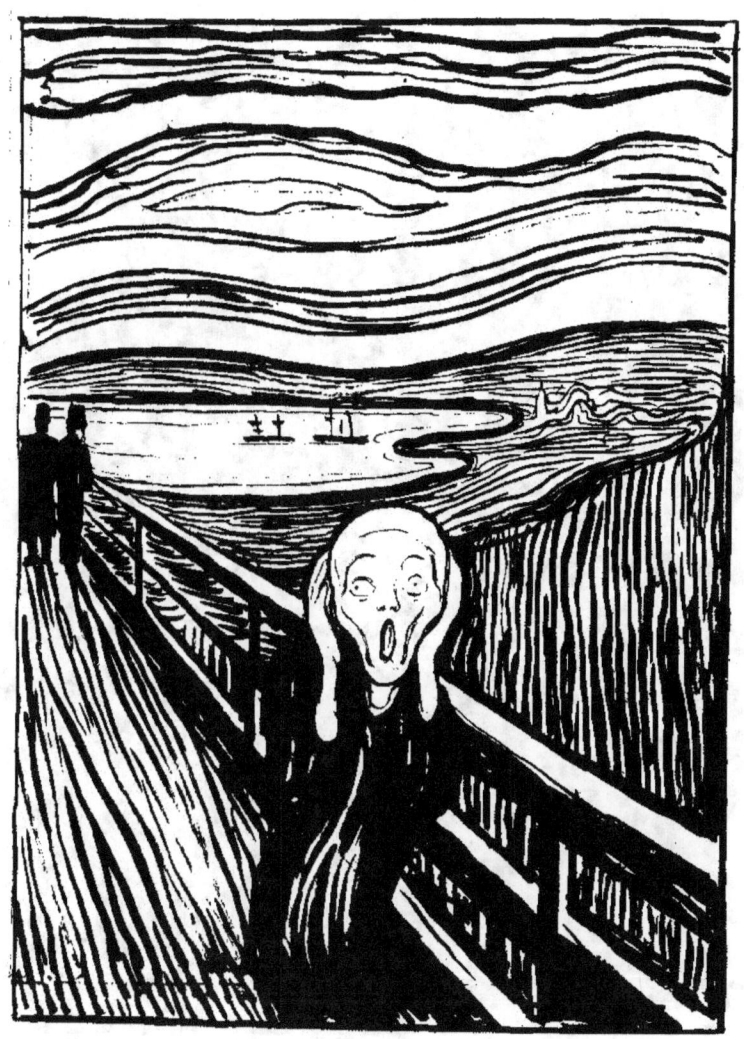

Lithographie, 1895, Berlin

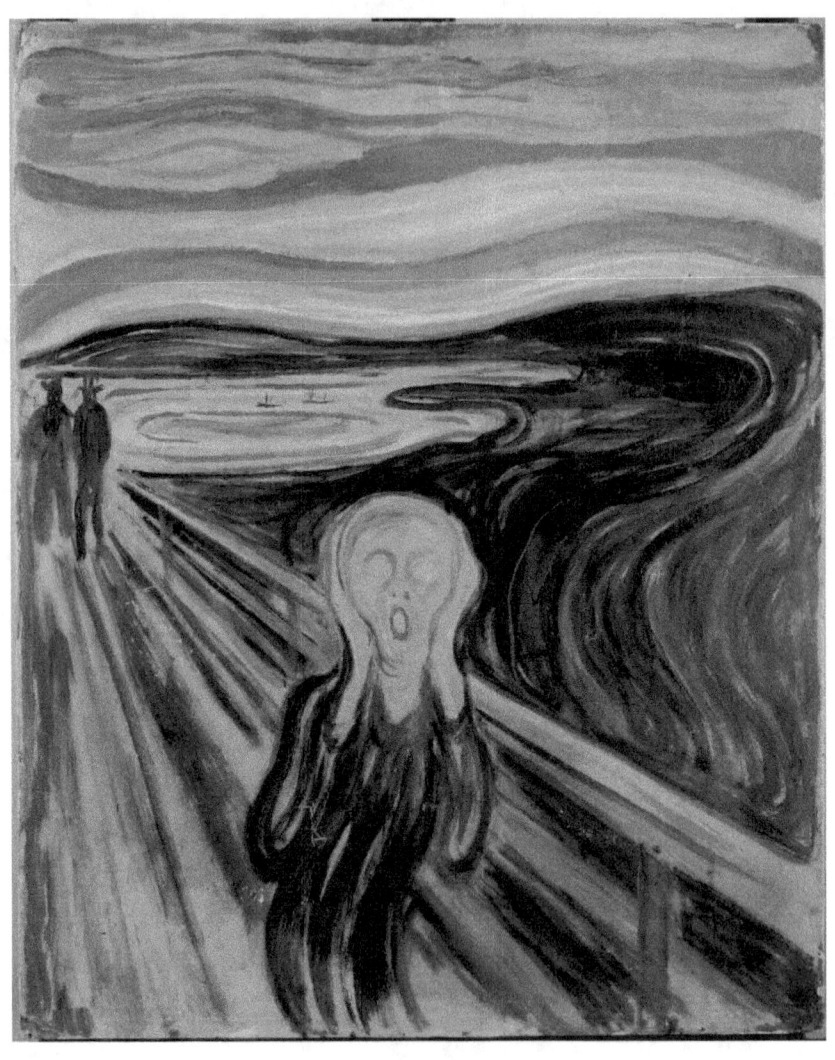

Tempera, Much Museum d'Oslo, 1910

www.ingramcontent.com/pod-product-compliance
Lightning Source LLC
Chambersburg PA
CBHW050114230526
45470CB00004B/1821